건강
그리고
자유

Healthy & Free

Copyright ⓒ2015 Beni Johnson
All rights reserved.
Published by Destiny Image.
Destiny Image, 167 Walnut Bottom Rd.,Shippenburgh PA17257-0310 USA
All rights reserved.
Korean Translation Copyright ⓒ 2017 Tabernacle of David

이 책의 한국어판 저작권은 다윗의장막 미디어에 있습니다.
저작권법에 의해 한국에서 보호받는 저작물이므로 무단전재와 무단복제를 금합니다.

베델 교회 빌 존슨 목사 사모 베니 존슨 목사의

영, 혼, 육 웰빙 여정

건강
그리고
자유

Healthy & Free

베니 존슨 지음 | 김주성 옮김

다윗의장막

추천사

베니의 새 책 《건강 그리고 자유》는 나의 바쁜 삶에 변화를 일으키는 데 필요한 소망을 내게 되찾아주었다. 그녀 자신이 경험한 여정을 보노라면, 독자들은 자신의 삶에 변화가 일어나지 않은 것에 대해 핑계 댈 수 없게 된다. 베니는 우리에게 완벽하게 동기를 부여해준다. 베니는 우리를 위해 이 연구를 대부분 직접 했을 뿐 아니라, 라이프스타일 변화로 신뢰할 수 있는 모범이 되어, 변화가 일어날 수 있다는 것을 증명했다.

트리샤 프로스트
《풀려나다: 삶의 속박을 끊고 해방되기》의 공동 저자
〈실로의 자리 미니스트리〉 공동 설립자

베니 존슨의 새 책 《건강 그리고 자유》에 대하여 우리는 크게 아멘이라고 외친다. 거기에는 두 가지 이유가 있다. 첫째는 이렇다. 당신이 나이가 들수록, 운동, 건강, 영양에 더 주의를 기울여야 한다. 당신의 삶의 질을 유지하려면 말이다. 그래서 우리는 정말로 그녀의 권면을 들을 필요가 있다. 둘째로, 우리의 사역의 많은 부분이 치유를 위한 기도이다 보니, 사람들은 건강과 질병에 대해, 자신들이 나쁜 습관을 갖고 잘못된 선택을 해도 하나님이 그 모든 것을 기적적으로 상쇄해주시기를 바란다. 그러나 사람들이 건강을 지키고 계속 치유가 일어나게 하려면, 한 가지 큰 부분은, 애초에 그들을 아프게 만든 것을 하지 않는 것이다. 우리 몸을 오용하며, 잘못된 식습관, 수면 패턴, 무기력에 빠져서 몸매 관리를 등한시한다면 우리는 나락으로 떨어질 것이다.

《건강 그리고 자유》에서, 베니는 삶을 구하는 핵심 요소들을 당신이 살펴보도록 제시하며, 운동과 영양 섭취로 당신이 건강을 유지하게 하고, 당신의 삶의 질을 정말로 "높이게" 한다.

베니가 말하는 대로 하라. 당신의 몸과 당신의 가족이 고마워할 것이다.

존 아노트, 캐럴 아노트 목사
〈캐치 더 파이어〉(전 토론토 공항 크리스천 펠로십)

베니 존슨과 그녀의 최신간 《건강 그리고 자유》에 경의를 표한다! 이 책은 모든 사람에게 필요하다! 당신의 몸에 대한 하나님의 뜻과 어떻게 당신이 하나님과 동역하여 하나님이 주시는 건강을 확보할지에 대한 성경적인 진리들을 베니가 회복시켜주어서 우리는 너무나 행복하다.

《건강 그리고 자유》에 가득한 실용적 단계들은 자기 몸을 최적으로 기능하게 하려는 모든 사람에게 효과적이다. 우리는 이 책을 즐겁게 읽었고 그 간단한 조언을 이미 실행에 옮기고 있다. 베니 존슨이 건강한 삶에 대한 하나님의 원래의 디자인을 알려줬기 때문에 여러 곳에서 사람들이 더 행복하고, 더 건강하고, 더 자유로울 것이다. 더 충만한 삶에 대한 이 환상적인 가이드를 우리에게 준 베니에게 감사한다.

웨슬리 캠벨, 스테이시 캠벨 목사

www.beahero.org

나는 베니 존슨의 새 책,《건강 그리고 자유》를 즐겁게 읽었다. 나는 이 책의 내용을 실제로 행하라는 격려, 깨우침, 일깨움, 감동을 받았다. 교회는 총체적 건강관리가 절실히 필요하다. 나는 이 책이 "이와 같은 때를 위한" 하나님의 말씀이라고 믿는다. 이 책은 나 개인에게도 성령의 전인 내 몸을 잘 돌보라는 권면이 되었다. 그저 베니가 나를 위해 기도해주기만 하면, 건강, 근육, 운동하려는 열망이 나에게 고스란히 전달된다면 좋겠지만, 그렇지 않다. 내가 실제로 "해야" 한다. 나는 그녀의 책을 읽으면서, 우리의 건강의 여정이 어려울 이유가 없다는 것을 깨달았다. 나는 이것을 할 수 있다. 우리는 이것을 할 수 있다. 베니에게서 배우자. 그녀는 하나님의 음성에 귀 기울이고, 건강을 중요하게 여기고, 그것을 책으로 펴서, 우리가 배우고 그

길로 달려갈 수 있게 해줬다. 이 책을 읽으라. 건강하고 자유롭게 되는 이 놀라운 여정에 함께 참여하자.

줄리 마이어

캘리포니아, 산타 마리아, 치유의 방 기도의 집

하나님의 신성한 치유보다 더 좋은 것은 하나님이 주시는 신성한 건강이다. 그런 종류의 건강을 가지려면 우리들 대부분이 사고방식, 행동, 식단, 심지어 하나님과의 동행에 있어서도 라이프스타일 변화가 필요하다. 나는 베니가 그리스도께 대한 헌신 안에서 그것을 추구하는 것을 보아왔다. 하나님께서 베니에게 건강에 대한 하나님의 지혜를 발견하라고 하셨다. 그래서 베니가 여기 "오래" 있게 하시려는 것이다. 그 발견의 여정은 그녀가 하나님께 바치는 제물이었다. 《건강 그리고 자유》는 간단하고, 심오하고, 우리에게 큰 격려가 된다. 베니가 평균적인 모든 사람이 할 수 있는 열쇠들을 발견했기 때문이다. 나는 관찰자이자 참여자로서 확신을 가지고 말할 수 있다. 하나님이 베니의 삶을 통해 경이로운 일들을 행하셔서, 우리의 삶을 기쁨, 발견, 축복의 삶이 되게 하고 계신다. 이 여정에 동참하는 당신을 환영한다!

빌 존슨 목사

캘리포니아, 레딩, 베델 교회

《건강 그리고 자유》는 당신의 삶을 구할 것이다! 베니 존슨이 쓴 이 놀라운 책은 당신이 어떻게 느끼는가, 어떻게 보이는가, 어떻게 사는가를 혁신할 것이다. 만일 당신이 《건강 그리고 자유》 안의 풍성한 진리들을 적용한다면 말이다. 이 책은 이 세대가 풍성한 삶을 살기 위해 가장 중요한 책일지 모른다. 왜냐하면 이 책은 그들이 건강하게 장수하며 하나님이 주신 소명을 완수하고 인생을 잘 끝마치게 할 것이기 때문이다.

체 안 목사
캘리포니아, 패서디나, 하베스트 록 교회의 설립 목사
〈하베스트 인터내셔널 미니스트리〉 총재

베니 존슨은 놀라운 여성이며, 건강한 삶과 치유의 사역을 위해 헌신해왔다. 베니는 어떻게 당신의 몸을 잘 돌볼 것인가의 영적, 자연적 측면들에 대한 지식의 보고다. 나의 아내 디앤은 베니와 이야기하며 베니의 통찰로부터 건강, 운동, 영양, 영적 원리들과 관련된 심리적 건강에 대해 듣기를 좋아한다. 나는 당신에게 《건강 그리고 자유》를 강력히 추천한다. 이 책은 쉽고 즐겁게 읽을 수 있으며, 나는 이 책이 교회에 많은 치유를 일으킬 수 있다고 믿는다.

랜디 클라크
〈글로벌 어웨이크닝〉 설립자 및 대표
《그 이상을 갈망하라》, 《성령의 능력에 대한 핵심 가이드》의 저자

헌사

소망의 발걸음을 내딛어, 영, 혼, 육을 돌보는 것이 하나님이 맡기신 신성한 임무임을 발견한 모든 분들에게 이 책을 바친다. 그들은 그 결과를 보고, 어려운 때에도 계속 매진하며 그 모든 것이 소중한 가치가 있음을 발견한 사람들이다. 여러분들 모두는 우리에게 귀감이 된다.

크리스티나 매닝 리벡에게 특별히 감사한다. 당신의 편집은 탁월했다. 우리는 놀랍다는 말을 멈출 수 없었다. 래리 스파크스가 이 프로젝트를 격려해준 것을 감사한다. 나의 멋진 남편은 경청해주고 새로운 것을 기꺼이 시도해주었다. 리해나 티익자이라의 연구와 글이 이 프로젝트를 재미있게 만들어주었다. 당신이 헌신한 시간들에 감사한다. 내가 이 일을 부탁할 사람으로서 당신보다 더 뛰어난 인재는 없었을 것이다.

차 례

	서문	14
	서론	18
제1장	여정	21
제2장	영혼의 건강	35
제3장	하나님의 예술	55
제4장	건강의 도구들	67
4-1	수분 섭취	70
4-2	잠의 위력	79
4-3	움직이라	89
4-4	깨끗한 음식 먹기	100
4-5	삶의 질 개선을 위한 디톡스	131
4-6	영양 보충제	150

제5장	부신과 갑상선의 건강	167
제6장	에센셜 오일(아로마 테라피)	189
제7장	말라야 한다는 강박증	207
제8장	영의 건강	223

후기   241

   레시피   244

   질의응답   259

   자료   271

서문

건강한 라이프스타일로 산다는 것은 과정이 필요한 하나의 여정이다. 그것은 임시변통으로 되지 않는다. 작심삼일로 되지 않는다. 최신 다이어트 비법에 휩쓸리는 것으로 되지 않는다. 너무나 많은 사람들이 건강 프로그램이나 다이어트 프로그램을 쉽사리 그만둔다. 삶의 변화라는 것이 아예 불가능해서가 아니라, 그들의 관점이 잘못되었기 때문이다. 그들은 그것을 여정으로 보지 않는다. 건강하고 자유로운 삶을 향한 모든 발걸음은 의도적 훈련, 분명한 비전, 그리고 약간의 은혜로 되어야 한다.

베니 존슨이 영, 혼, 육의 웰빙에 대한 개인적 여정의 책을 낸다는 소식을 듣고서 나는 너무나 기뻤다. 가장 기뻤던 것은 몸, 마음, 영에 있어서 하나님과 조화롭게 살기를 추구하는 신자들의 새 세대가 베니의 여정으로부터 지대한 영향을 받을 것이기 때문이다. 베델 교회를 통해, 베니의 음성은 전 세계에 영향을 미칠 수 있다. 그녀의 영향력을 활용해 전 세계 모든 사람들에게 영향을 미치려 하다니, 얼마나 훌륭한 결정인가. 특히 교회에게, 즉 영, 혼, 육의 모든 측면에 있어서 하나님이 주시는 신성한 건강 안에 행하려는 교회에게 놀라운 영향을 미칠 것이다.

또한 신선한 것은 놀라운 치유와 기적으로 유명한 운동의 핵심 리더인 그녀가 독자들을 격려하여 실용적으로 매일 하나님이 주시는 신성한 건강의 라이프스타일로 행하게 함으로써 독자들의 몸이 질병으로부터 보호받게 한다는 것이다. 많은 하나님 나라의 리더들이 하나님이 주시는 신성한 건강에 대한 많은 탁월한 자료들을 출간했다. 그것은 질병으로 고통당하는 자들에게 기적을 일으키는 하나님의 능력이 어떻게 임하게 할 것인가에 대한 것이었다. 한편, 베니는 신성한 건강 안에 살아가는 방법에 대하여 독자들에게 읽기 쉬운 청사진을 제시했다.

그리스도인은 탁월하게 살도록 부름 받았다. 건강과 웰빙은 단지 좋은 아이디어 정도가 아니다. 그것은 태초부터 하나님의 생각이었다. 베니는 진정한 긍휼과 사랑으로, 건강한 삶에 이르기까지의 자신의 여정을 솔직히 털어놓는다. 그녀는 "왜"를 발견하는 것이 얼마나 중요한지 설명한다. 건강으로의 여정을 시작하는 당신의 동기 말이다. 그녀의 말은 은혜를 머금고 있다. 해보았지만 실패한 사람들에게, 베니의 접근법은 따스하고 실용적이고 독자 친화적이다. 당신이 다시 일어나 전진하도록 당신에게 베풀어지는 은혜가 여기 있다!

《건강 그리고 자유》는 일반적인 "건강 서적"이 아니다. 또한 단순히 베니의 개인적 이야기나, 건강 팁들의 모음만도 아니다. 베니는 단지 자기 이야기를 하는 것이 아니라, 그녀가 겪은 씨름과 거기서 말미암는 변화에 대해 나눈다. 베니는 또한 자신이 모든 해답을 다 가진 것은 아니라고 말한다. 베니도 여전히 하나님의 건강의 원리들을 매일같이 배우며 경험해가고 있다. 베니가 독자와 나누는 모든 것은 베니가 이미 해보았거나, 현재 하고 있거나, 연구한 것이다. 성경, 건강 정보, 운동 방법, 레시피, 시작하는 실제적 방법들이 조화를 이루어, 이 책은 이러한 종류의 책들 중에서 분명히 최고가 될 특별한 책이다.

당신이 건강의 여정 중 어디에 있든, 이 책은 개인적 동기를 일깨워주고, 당신이 소홀히 해온 영역들에 하나님의 놀라운 은혜를 임하게 하고, 당신에게 전진해 나아갈 힘과 용기를 줄 것이다. 내가 이 책을 추천하는 것은 저자를 강력히 추천하기 때문이다. 베니는 우리의 신체적, 영적, 정신적 건강에 대한 하나님의 마음을 계시해주는 탁월한 그림을 그린다. 그 중 어느 하나도 소홀히 할 수 없다. 이 책은 영, 혼, 육의 세 가지 모든 영역의 건강을 당신에게 소개해준다.

성령께서 이 책을 통해 당신에게 하시는 초청을 받아들이기 바란다. 오직 성령님만이 이 여정 중에서 당신을 성공으로 이끌 것이다. 나는 나 자신의 여정에서, 수십 가지 다양한 식단과 "기적의 요법들"을 해봄으로써 한 가지 답을 찾고자 했었다. 나는 2년 동안 만병통치 방법을 찾으려 애쓰다 실패한 후, 하나님이 우리에게 도중에 항상 해답들을 주신다는 것을 발견했다. 나는 신체적 건강이 우리의 영적 책임이라는 것을 배우게 되었다. 《건강 그리고 자유》에서 당신은 건강하고 충만한 삶을 성공적으로 살도록 하나님이 말씀 속에 우리에게 주신 지식과 지혜를 발견할 도구들을 얻을 것이다.

조던 루빈

〈뉴욕 타임스〉 베스트셀러 《창조주 다이어트》의 저자

서론

너는 범사에 그를 인정하라 그리하면 네 길을 지도하시리라

■ 잠언 3:6

　이 책은 나의 이야기다. 그것은 실험, 나의 내면의 영혼 탐색, 하나님 안으로 힘써 들어간 일관된 여정이었다. 나는 나의 생각, 사고방식, 신념체계를 조사하고 나서 그 중 많은 것들을 바꾸어서 영, 혼, 육에 있어서 충만하고 건강한 삶을 살려고 했다. 새롭고 신나는 건강과 웰빙에 대한 정보들이 매일 발견되고, 전 세계에서 아이디어, 연구, 계시가 속속 드러나면서, 나는 그런 과정 속에서 계속해서 많은 것을 배워왔다. 나는 건강 전문가라고 주장한 적이 없고 앞으로도 결코 그렇게 주장할 수 없을 것이다. 특히 이 주제는 늘 변화하고 성장하고 있기 때문이다. 이 책은 하나님과 건강을 향해 나아가는 나의 여정에 대한 것이다. 나는 나의 이야기 속으로 당신을 초청하고 싶고, 당신도 당신의 이야기를 계속 써나가도록 격려하고 싶다. 나의 마음은 탐구하는 자들에게 조금이나마 빛을 비춰주고, 어떻게 우리가 우리 삶

에 대해, 또한 우리의 영, 혼, 육의 모든 측면의 건강에 대해 올바로 주인의식을 가질지 알리려는 것이다. 만일 우리가 하나님을 의지한다면, 하나님이 우리 길을 지도해주실 것이다.

친구여, 내 모든 가르침을 잊지 말고
내 계명을 마음에 새겨라.
그러면 네가 오래오래 살고
부족함 없이 잘 살게 될 것이다.
사랑과 성실을 굳게 붙잡고,
그것을 네 목에 걸어라. 그 머리글자를 마음에 새겨라.
그러면 하나님과 사람에게서
잘 산다는 평판을 얻게 될 것이다.
온 마음으로 하나님을 신뢰하고
무슨 일이든 네 멋대로 이해하려 들지 마라.
무슨 일을 하든, 어디로 가든, 하나님의 음성에 귀 기울여라.
그분께서 네 길을 바르게 인도하실 것이다.
다 아는 체하지 마라.
하나님께로 달려가라! 악을 피해 도망쳐라!
그러면 네 몸에 건강미가 넘칠 것이고
네 뼈 마디마디가 생명력으로 약동할 것이다!

네 모든 소유로 하나님께 영광을 돌리고

첫 열매와 가장 좋은 것을 그분께 드려라

■ 잠언 3:1-9, 메시지 번역

당신의 건강을 위해 이 책을 바친다!

제 1 장

여정

여행은 보물이다.

• 로이드 알렉산더 •

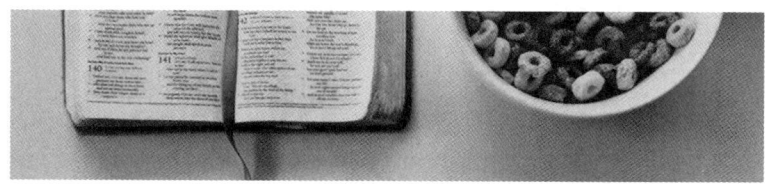

2004년 여름이었다. 남편 빌과 나는 캘리포니아 주, 서부 레딩의 우리 집으로 이사를 했다. 우리는 지난 18년간 우리 교회에서 일어난 갱신 운동에 삶을 쏟아 부었다. 삶은 바쁘고, 빠르고, 도전적이고, 신나는 일의 연속이었다. 교회 집회가 자정 넘어서까지 이어지는 날이 많았다. 그러고 나서, 우리는 지친 몸을 끌고 좋아하는 음식점에 가서 거하게 식사를 하고 집에 가서 잤다. 그 당시에는 몰랐지만, 나는 신체적 건강을 영적 건강을 위해 희생하고 있었고, 두 가지 모두 중요함을 고려하지 못했다.

그 모든 것이 어느 날 병원에서 내게 닥쳐왔다. 나는 12킬로그램이 과체중일 뿐 아니라, 고혈압이 생겼다. 그것은 우리 집안의 내력이었다. 고혈압은 혈관에서 피의 압력이 높아져서 심장에 더 무리를 준다.

나의 앞날을 생각하면서, 내가 상당히 건강하게 살 때를 뒤돌아보았다. 1980년대 후반과 1990년대 초반에, 남편과 나는 북부 캘리포니아의 산간 지역에 있는 작은 교회를 목회하고 있었다. 그때 빌과 나는 식단을 바꾸기로 결정했었다. 그 당시 알던 영양학 지식에 근거해서 우리는 더 건강한 식습관을 갖기 시작했다. 아이들과 함께 체육관에서 운동도 했다. 체격 관리와 건강이 라이프스타일이 되었고, 우리 가족은 그것을 무척 즐겼다. 마침내, 나는 나의 신체에 대해 편안하고 자신감을 갖게 되었었다. 그런데 무엇이 바뀌었는가?

갱신 사역이 전개됨에 따라 우리는 매우 바빠졌고 점차 나 자신을 관리하기를 멈추게 되었다. 시간이 없다는 평계로 운동을 멀리했다.

또 생명을 주는 음식 대신에 편리함을 추구했다. 나는 불과 몇 년 사이에 S, M 사이즈에서 XXL 사이즈로 늘어났다. 이제, 나는 여기 병원에 앉아서 자기 관리 결여로 비만과 고혈압이라는 결과에 직면하고 있었다.

나는 약에 의지하지 않기로 결정했다. 나는 가족 중에 누가 했다가 힘들어하는 것을 보았고 고혈압 치료에 다른 대안이 있다는 것을 알고 있었다. 나는 스스로 조사에 나섰고 건강관련 정보가 풍부하다는 것을 발견했다. 나는 하나님의 인도와 지혜를 구하고 의지해야 한다는 것을 알았다.

몇 달이 지나갔다. 내가 라이프스타일을 좀 바꾸었지만, 그것은 적절하지 못했다. 어느 날 아침에, 내가 하루를 시작하려고 할 때, 주방에서 하나님이 내게 말씀하셨다. "나는 네가 체형을 되찾기를 바란다. 나는 네가 여기 오래 머물기를 바란다." 그때 나는 내 삶에 극적 변화가 일어나야 한다는 것을 알았다. 그럭저럭 해나가는 것으로는 충분하지 않았다. 내 삶을 완전히 정상궤도에 들어서게 해줄 변화가 필요했다. 그리고 그것이 나의 이유 "왜"가 되었다.

당신의 "왜" 찾기

나는 남편과 내가 목회하는 교회에서 건강과 웰빙에 대한 수업을 가르친다. 수업 중에, 한 사람이 일어서서 자신의 웰빙 여정 이야기를 나누었다. 2006년에 그는 60킬로그램이 과체중이었다. 2주 사이에 그는 2년 동안 사귀던 여자친구와 헤어졌고 당뇨병 고위험군이라는 의사의 진단을 받았다. 그것이 전환점이 되어, 그는 자신의 삶을 정직하게 돌아볼 수밖에 없었다. 인생의 그 두 가지 대격변의 순간에, 그는 이제는 비만하지 않겠다고 결심했다. 그는 왜 건강해지기 원하는지의 이유로 하나님이 그의 인생에 시키신다고 느끼는 일을 하기 위해서라고 그의 "왜"를 정했다. 그것이 그의 "왜"가 되었다. 나는 "왜"를 갖는다는 그 개념이 좋았고 그런 사고방식을 나 자신을 위해 채택했다.

사람들이 나에게 건강한 라이프스타일을 시작할 최선의 방법에 대해 조언을 구할 때, 그들이 내게서 예상하는 것은, 모든 설탕을 끊으라거나, 야채와 과일로 체중을 줄이라는 이야기다. 물론 나는 설탕을 끊고 잎이 넓은 초록색 야채를 많이 먹으라는 조언도 하지만, 나의 첫 번째 조언은 왜 그들이 이 여정을 시작하는지의 이유인 "왜"를 찾으라는 것이다.

당신 자신에게 이것을 물어보라. 왜 당신은 건강해지기를 원하는가? 왜 당신은 튼튼해지기를 원하는가? 왜 당신은 체중 감소를 원하는가? 당신이 왜 그것을 하는지 아는 것이 중요하다. 여러 해 전 아침에 하나님이 주방에서 내게 말씀하셨을 때 그것이 나의 "왜"가 되었다. 나는 건강해지기를 원한다. 왜냐하면 나는 이 땅에 오래 머물기를 원하기 때문이다. 셀 수 없이 많은 때에, 나의 "왜"를 기억하는 것이 나의 여정을 밀고 나아갈 힘을 내게 주었다. 그러면 밀크셰이크나, 감자튀김을 수북이 곁들인 햄버거나, 나의 사랑하는 옛 친구인 도넛에게 "안 돼"라고 말하기가 훨씬 쉬워진다. 왜냐하면 그것들이 나를 나의 "왜"에 충실해지게 도와주지 않는다는 것을 알기 때문이다.

어느 날 아침에 마지못해 헬스클럽으로 차를 몰고 가고 있을 때 나의 속마음은 차를 돌려 집으로 가서 텔레비전 앞에 털썩 앉고 싶었다. 솔직히, 만일 그 날 트레이너와 약속이 잡혀 있지 않았다면, 나는 헬스클럽으로 가지 않았을 것이다. 그러나 운전 중에 나는 나의 "왜"를 기억했다. 주방에서 그 날, 하나님이 내가 오래 머물기를 바란다고 분명히 말씀하셨을 때의 그 느낌을 떠올렸다. 하나님의 말씀과 그 말씀이 나의 영에 반향을 일으켰던 것을 떠올리면서, 나는 그날 헬스클럽에서 최선을 다하여 운동했다. 인내하려는 나의 마음이 하나님의 마음을 기쁘시게 했고 그래서 하나님이 나를 도와 파트너가 되어주셨다.

당신이 여정을 시작함에 있어서, 당신의 "왜"를 찾는 것은 매우 중요하다. 약속하건대, 그것은 당신이 도중의 많은 도전들을 극복하도록 도와줄 것이다. 당신이 더 건강해지고 싶은 이유는 딸의 결혼식에서 함께 입장할 수 있기 위해서이거나, 자녀들에게 함께 놀아주는 부모가 되기 위해서일 수 있다. 사람마다 다른 "왜"가 있다. 병들어 의사가 당신의 "왜"를 정해줄 때까지 기다리지 말라. 지금 하나님과 함께 당신의 "왜"를 찾으라.

다음은 무엇인가?

건강과 웰빙은 연구하기에 어마어마하게 방대한 주제이다. 왜냐하면 상반된 주장들이 난무하기 때문이다. 많은 사람들이 건강한 라이프스타일의 추구를 미루는 큰 이유이기도 하다. 나는 당신이 아기처럼 작은 걸음마를 계속 내딛기를 권한다. 이것은 달리기가 아니라 여정이라는 것을 기억하라. 한 번의 건강식으로 모든 문제들이 해결되지 않는다. 그것은 건강하지 못한 한 끼니로 당신이 살찌지 않는 것과 마찬가지다. 매일매일, 순간순간, 성령님과 동행해야 한다. 이 여정을 시작할 때 내가 성령님과 파트너가 되고 성령님을 의지하면, 성령께서 신실하게 지도와 조언을 해주신다. 무엇보다도, 그는 위대한 조언자이시기 때문이다.

한 친구가 해준 이야기가 이 분야에서 하나님의 신실한 인도에 대해 내가 좋아하는 이야기들 중의 하나가 되었다. 그는 부신피로 검사를 받아야 한다는 느낌을 하나님으로부터 받았다. 그것은 부신이 장기적 스트레스를 받을 때 기능이 저하되어 질병, 탈진, 우울증을 일으키는 것이다. 심한 경우에는 아침에 일어나는 데 두세 시간이 걸리

기도 한다.[1] 안타깝게도, 부신피로는 아직 의학적 증상으로 인정되지 않아서, 많은 의사들이 검사해주지 않는다. 그러나 나의 친구는 성령의 음성을 들었기에, 계속 요구했다. 결국 의사가 검사한 결과 그는 부신피로가 있었다.

이 책을 읽는 많은 분들이 부신피로에 대해 더 알고 싶을 것이다. 이 책에서 나중에 더 얘기하겠다. 이 이야기의 핵심은 당신이 더 건강해지길 추구할 때 큰 의원께서 인도하고 안내해주신다는 것이다. 성령께서 내 건강의 어떤 측면들에 대해 말씀하시는 것을 수도 없이 들을 때마다 나중에 나의 자연 요법 의사가 하나님이 내게 말씀해주신 것을 확증해주었다.

이것은 내가 하나님의 사랑을 경험하는 한 방법이다. 내가 십대였을 때, 내 마음이 온통 예수님께 몰두해서 예수님의 임재 안에 잠겨 시간을 보내며, 온갖 것에 대해 예수님께 질문했었다. 나는 예수님의 대답을 듣는 것이 좋았다. 때로는 옷방에 들어가서 무슨 옷을 입어야 할지 예수님께 묻기도 했다. 그것은 십대 소녀에게는 중요한 질문이었다! 그것이 어떤 사람들에게는 극단적으로 들릴 수도 있지만, 그것은 내가 하나님 안에서 성장하는 데 있어서 중요하고 아름다운 부분이었다. 나이가 들면서, 하나님이 내 삶의 모든 영역에서 나에 대해

---

1 — "What is Adrenal Fatigue?부신 피로란 무엇인가?" Future Formulations, www.adrenalfatigue.org

열정적이시고 내 건강에도 지대한 관심을 기울이신다는 것을 알게 되었다.

이제 어른이 되어서도 별로 달라지지 않았다. 이 여정을 시작할 무렵에, 나는 주방에 들어가서 소리 내어 이렇게 말했었다. "하나님, 어디서부터 시작해야 하죠?" 그러자 하나님이 즉시 대답하셨다. "설탕을 끊어라." 나는 설탕을 좋아했다. 정제된 흰 설탕은 나의 좋은 친구였다. 그 당시 설탕은 나의 주요 식품군의 하나였다. 사실적으로 말하자면, 한때 내 삶에서는 소파에 앉아 초콜릿 500그램을 껴안고 먹는 것이 일상 다반사였다. 나는 그것을 즐겁게 다 먹고 나서, 나 자신에 대해 혐오와 수치를 느꼈다. 그것은 중독의 사이클이었다. 나는 도움이 필요하다는 것을 알았다. 내가 설탕을 포기할 힘을 가지려면 하나님이 개입하셔야 했다.

나는 설탕을 내 식단에서 끊는 과정을 시작했다. 그 긴 두 달 동안 두통, 전신의 통증, 먹고 싶은 마음과 싸우며, 아직 차이를 느끼지 못하지만 내 몸을 깨끗하게 해야 했다. 그렇게 첫 단계를 마치고 나자 마치 거대한 허들을 뛰어넘은 기분이었다. 나의 최대 약점 중 하나를 성공적으로 정복했을 뿐 아니라, 몸이 한결 깨끗해지고 가벼워진 것 같았다. 도대체 내가 어떻게 그 중독을 끊었을까? 나는 아기 걸음마를 걸었다. 첫째로, 나는 좋은 대체식품을 발견했다(이것에 대해 나중에 이 책에서 다루겠다). 그 다음에, 나는 야채를 더 많이 먹기 시작했다. 특히 짙은 녹색 채소를 많이 먹었는데, 그것이 단 것을 먹고 싶은 욕구를 줄여주는 요소들을 함유하기 때문이다. 또한 나는 정제 설탕의 대안들을 살펴보았다. 그것은 가령 순수 메이플 시럽, 동네에서 채취한 생 벌꿀, 스티비아다. 나의 경험상으로, 설탕에 대한 욕구를 이기는 가장 좋은 방법은 신선한, 유기농 야채 주스를 마시는 것이다. 지금도, 내가 좋아하는 다크 초콜릿을 먹고 싶을 때면, 나는 주서를 꺼내서 나를 위해 짙은 초록색 주스를 한 잔 가득 만든다. 그리고 이따금 내 자신에게 다크 초콜릿을 먹도록 허락해준다. 다크 초콜릿은 건강상의 유익도 많다. 그리고 나는 "더 검을수록 더 좋다!"는 규칙을 따른다.

생각 바꾸기

당신의 "왜"를 찾는 것 다음으로, 건강해지는 데 가장 중요한 것은 당신의 생각을 바꾸는 것이다. 많은 사람들이 목표 체중에 도달하거나 스키니 진을 다시 입을 수 있게 되면, 좋아하는 튀김이나 단 후식을 다시 먹을 수 있을 것이라고 생각한다. 가끔 그런 음식들을 즐길 자유가 절대 없을 것이라는 말은 아니지만, 내가 말하고 싶은 것은 건강은 라이프스타일이라는 것이다. 그것과 대조적으로, 일시적으로 유행하는 다이어트는 장기적 변화 대신에 빠른 결과를 약속하여 사람들을 교묘히 유혹한다.

나도 한때는 유행 다이어트 산업의 희생자였다. 나는 새 다이어트를 열심히 시작하지만, 몇 주, 혹은 불과 며칠 내에, 그런 라이프스타일을 지속할 수 없다는 것을 알아차렸다. 나는 다이어트를 중단했다. 그러고 나면 무슨 일이 일어나는지 우리 모두 알 것이다. 정신없이 먹어대는 것이다. 나의 경험은 다른 많은 사람들과 같았다. 다이어트는 효과가 없다. 그것으로 시작은 되지만, 나는 나의 생각을 바꾸고 나의 건강을 달리 생각하기로 결정하게 되었다. 그때 비로소 나는 "나는 결코 돌아가지 않을 거야"라고 말하게 되었다. 라이프스타일이 변화되어야 했다. 만일 내가 그 아침에 하나님의 음성을 듣지 않았다면, 지금의 나는 어떻게 되었을지 모른다.

은혜

나는 어떤 것들에 대해 고집스러운 사람임을 인정한다. 나의 건강도 그 한 부분이다. 나는 오래 살 계획이고 그것을 위해 싸울 것이다. 그러나 이 여정은 공원 산책이 아니고, 마음이 약한 사람을 위한 것이 아니다. 당신의 삶과 습관을 개조하는 것에는 다양한 장애물들이 따르고 당신은 그것을 제거해야 한다. 때로는 당신의 가족과 친구들이 당신이 과도한 식사에 참여하기를 원하지만 당신은 그것이 당신의 몸을 해칠 것이라는 것을 알므로, 결정의 순간에 직면하게 된다.

당신이 새로운 선택을 하기 시작할 때 사람들이 놀란 표정을 짓거나 심지어 놀리더라도 놀라지 말라.

동시에 나는 너무 엄격한 규칙대로 살아서 사람들이 멀리하는 사람이 되지 않도록 나 자신에게 은혜를 좀 허용한다. 우리 부부는 자주 출장을 다니는데, 사람들이 우리를 위해 식사를 준비하는 경우가 종종 있다. 나의 일상생활 속이라면, 나의 건강에 대해 조금도 양보하지 않지만, 우리를 위해 식사를 준비해놓은 이런 특별한 상황 속에서는 나는 은혜 속으로 발걸음을 내딛는다. 한번은 우리가 미국 남부 지역에서 컨퍼런스를 하고 있었는데, 주최 측에서 훌륭한 요리사를 초빙해서 우리를 위해 식사를 준비해줬다. 남부 지역의 요리는 매우 맛있지만, 솔직히, 건강에 별로 좋지 않은 요리가 많다. 역시나 우리가 앉았을 때, 모든 것이 지방으로 요리되어 있었고 그레이비소스에 빠져 있었지만, 나는 그 친절한 사람의 음식을 거절하고 싶지 않았다. 그가 우리를 축복하고 기쁘게 하려고 열심히 준비한 것을 알았기 때문이다. 그래서 나는 은혜 속으로 발걸음을 내디며 소량을 먹었다. (당신이 예상하듯이, 그 음식은 정말 맛있었다.)

그러므로 당신이 희생해야 하지만, 또한 때로는, 나의 남부 지역 경험처럼, 하나님을 신뢰하고 조금 즐겨야 할 곳도 있을 것이다. 당신이 은혜에 들어갈 때, 하나님이 당신이 올바른 길을 지키도록 도와주실 것이라는 것을 알라. 그것이 당신의 여정에서 하나님과 파트너가 되는 것이 중요한 또 하나의 이유다. 하나님께 질문하고 하나님의 통찰을 구하기를 주저하지 말라. 내가 부엌에서 어떻게 시작할지 몰라 망연자실할 때 하나님께 물었던 것처럼 말이다. 만일 당신이 이것을 그리스도 중심의 모험이 되게 한다면, 하나님께서 당신에게 초자연적 은혜를 베푸셔서 당신이 끝까지 걸어 나가게 하실 것이다. 하나님은 건강하고자 하는 우리의 열망이 성취되기를 원하신다!

초자연적 은혜의 때

나는 이 주제로 가르칠 때마다, 기도로 마치기를 좋아한다. 왜냐하면 기도가 우리의 마음뿐만 아니라 우리의 주변 상황까지도 바꾸는 능력이 있다고 믿기 때문이다. 기도는 또한 하나님께 동의하는 것이며, 우리 삶이 달라질 것이라고 선포하는 것이기도 하다.

건강과 자유를 향해 당신이 지금까지 이어온 여정을 변화시키기 원한다면, 이 기도를 하기 바란다. 그때, 나도 당신을 위하여 합심하여 기도할 것이다.

아버지, 저에게 주신 삶에 감사드립니다. 그리고 제가 하나님이 주시는 신성한 건강 안에 행하기를 바라시니 감사합니다. 아버지의 초자연적 은혜를 매일 선물로 내려주시니 감사합니다. 오늘, 제가 그 은혜 안으로 걸어 들어가 건강하고, 온전한 사람이 되겠습니다. 제가 당신의 조언과 지혜를 받아들여, 생명을 선택하고, 저의 건강을 위해 필요한 단계들을 밟아 나가겠습니다.
제가 온전해지기 위해 필요한 모든 단계를 밟을 수 있도록 하나님이 주시는 거룩한 은혜를 저 자신에게 선포합니다. 예수님의 이름으로 기도합니다! 아멘.

제 2 장

영혼의 건강

행복은 영혼 속에 거한다.

• 데모크리투스 •

우리는 영혼에 대해 너무나 다양한 단어들을 사용하여, 그것의 정의가 뭔지 헷갈릴 수 있다. 예를 들어, "혼soul"과 "영spirit"은 서로 바꿔 쓸 수 있는 단어인가? "생각mind"과 "혼soul"은 같은 것인가? 나는 이 질문들을 생각하면서 그 단어들이 성경에서 어떻게 사용되는지 조사해보기 시작했다. "혼"과 "영"을 헬라어로 깊이 공부해보니, 그것들은 비슷하다. 사실, 거의 똑같다. 그러나 나는 이 정의를 발견했고, 그것은 내가 차이점을 분명히 깨닫는 데 도움이 되었다. 혼은 "사람의 본질적 생명으로서 '땅을 바라본다.' 그리고 영은 똑같은 생명의 원리로서 (바람처럼) 하나님이 사람에게 불어넣으셔서 하나님을 바라보고 하나님을 경험하게 하신다."[1] 즉 영과 혼의 강조점이 다르다고 제시한다.

"땅을 바라본다"는 표현은 우리가 매일 경험하는 긍정적이고 중립적인 경험들, 심지어 도전들을 생각나게 한다. 종종 우리가 생각하고 믿는 것이 우리 삶의 상황들을 만들어낼 뿐 아니라 그 결과까지 결정한다. 그러므로 "땅을 바라본다"라는 표현을 들을 때 생각나는 말들이 있다. "전쟁은 생각 속에서 이기거나 지는 것이다"라거나 "진짜 전쟁은 우리의 두 귀 사이에 있다"라는 것이다. 혼란을 피하기 위해,

---

1 — "Trichotomous v. Dichotomous views of Man 인간의 3분법 대 2분법," Christianity Stack Exchange, http://christianity.stackexchange.com/questions/8847/trichotomous-vs-dichotomous-views-of-man/8887#8887.

혼(땅을 바라보는 부분)을 생각으로 지칭하겠다.

우리는 몸, 혼(생각), 영으로 이뤄진 삼위일체적 존재라는 것을 기억하는 것이 중요하다. 셋 모두가 연결되어 있고 그 각각이 하나님께 매우 중요하다. 건강한 생각을 갖는 것은 건강한 몸을 갖는 것만큼이나 중요하다고 할 수 있다. 실로, 우리가 우리 자신에 대해 좋은 생각을 할 때, 우리의 전 존재가 긍정적으로 반응한다.

우리 자신을 사랑하기

예수께서 이르시되 네 마음을 다하고 목숨을 다하고 뜻을 다하여 주 너의 하나님을 사랑하라 하셨으니 이것이 크고 첫째 되는 계명이요 둘째도 그와 같으니 네 이웃을 네 자신 같이 사랑하라 하셨으니 이 두 계명이 온 율법과 선지자의 강령이니라

■ 마태복음 22:37-40

나는 이 구절을 좋아한다. 건강한 삶을 사는 중요한 열쇠를 아름답게 제시해주기 때문이다. 이 본문의 후반부, 즉 우리 이웃을 우리 자신처럼 사랑하는 것이 이뤄지려면, 먼저 우리의 전 존재로 하나님을 사랑해야 한다. 그리고 하나님을 사랑하는 것은 말로 일어나는 것이 아니라 우리의 행동과 우리의 전 삶으로 일어난다. 하나님을 사랑하

는 것은 우리의 존재의 모든 세포가 느낄 수 있는 것이어야 한다. 우리는 그것을 느끼고, 호흡하고, 우리의 생각이 하나님의 사랑 속에서 살아나야 한다. 나는 깊이 확신하고 나의 경험으로도 그렇다. 하나님을 그렇게 사랑할 때, 쉽게 두 번째 계명에도 순종할 수 있다. 두 번째 계명(그것이 두 번째 "제안"이 아니라는 것을 명심하라)은 이웃을 자신처럼 사랑하라는 것이다. 다시 말해서, 먼저 자신을 사랑해야 남을 잘 사랑할 수 있다. 하나님을 사랑하고, 하나님의 사랑을 받고, 자신을 사랑하여, 그 다음에 그 동일한 사랑을 주변 사람들에게도 주면 놀라운 건강과 생명이 우리 삶에 들어온다. 그 모든 것이 우리의 생각에서 시작된다.

당신 자신을 허락하라

유튜브 비디오에서 꼬마 소녀가 거울 앞에 서서 자신과 자신의 삶에 대해 좋아하는 모든 것들에 대해 외치는 비디오를 본 적이 있는가? "나는 내 헤어컷이 좋아! 나는 내 헤어스타일이 좋아! 나는 좋은 일을 할 수 있어!"[2] 나는 우리 어른들이 그 소녀로부터 귀중한 교훈

---

2 — "Jessica's Daily Affirmation 매일 자신을 격려하는 제시카," 2009년 6월 16일 유튜브, http://www.youtube.com/watch?v=qR3rK0kZFkg.

을 배울 수 있다고 생각한다. 우리도 매일 아침 똑같이 해야 한다. 왜냐하면 하나님이 우리를 사랑하시듯이 우리 자신을 사랑하기 시작해야 하기 때문이다. 하나님이 당신을 정말로 사랑하신다는 것을 아는가? 그리고 그것을 아는 것이 당신의 건강을 개선할 수 있다는 것을 아는가? 인지 신경과학자이자 TV 프로그램 사회자인 캐럴라인 리프 박사가 이렇게 썼다. "사랑에 빠지면 긍정적인 화학 반응이 일어나 신체적으로 더 건강해진다. 사랑이 없고 인정받지 못하면 당신은 실제로 아플 수 있다."[3] 나는 만성적으로 아픈 사람들이 하나님의 사랑을 받아들이고 자신을 사랑할 줄 알게 되면 좋아지지 않을까 궁금하다.

자신에게 이 질문들을 해보라. 나는 나 자신을 좋아하는가? 나는 나 자신을 사랑하는가? 만일 당신의 대답이 아니라는 것이라면, 이제는 당신이 당신 자신과 사랑에 빠지도록 허락할 때다. 당신의 전 존재는 당신이 자신의 생각, 몸, 영을 사랑하는 것에 달려 있다. 당신은 사랑받을 가치가 있다! 내가 말한 그 비디오의 소녀처럼 되라! 어린이처럼, 부정적인 생각들을 아름다운 말로 바꾸라. 그렇게 하면 당신의 몸에 내재된 자체 치유 능력이 증가할 것이다. 내가 추천하는 좋은 실습 방법이 있다. 종이와 펜을 가지고 앉아서 당신이 당신 자신에 대해 좋아하는 모든 것을 적으라. 그렇게 하고 나서, 이것을 소리 내어 읽으라. 어떤 사람들은 정말로 깊이 파고들어야 한다. 너무나 오랜 세월 동안 자신을 미워하며 살아왔기 때문이다. 당신이 그것들을 소리 내어 말하기 시작할 때, 뭔가가 당신의 내면에서 변하기 시작할 것이다. 이제 당신은 자신을 사랑하도록 허용하고 있는 것이다. 당신이 자신의 마음과 생각을 지배하기 시작한다.

리프 박사는 저서 《누가 내 뇌를 바꿔치기 했는가 Who Switched Off My Brain》에서 강조한다. "유독한 생각은 부정적이고 걱정하는 감정을 촉발한다. 그것은 몸에 스트레스를 주는 생화학물질을 생성한다. 그것들은 당신의 몸의 세포들만이 아니라 당신의 생각 속에 저장된다."[4] 이제는 그 유독성 생각들을 사랑의 생각으로 바꿔야 할 때다. 그리고 그것은 치유를 일으킨다.

생각이 어떻게 건강에 영향을 미치는가

당신의 생각이 당신의 지방에게 말할 수 있다는 것을 아는가? 당신의 생각은 강력하다! 존 게이브리얼은 건강과 영양 분야의 전문

---

3 — Caroline Leaf, "The Science of Love 사랑의 과학, Dr. Caroline Leaf, September 29, 2011, http://drleaf.com/blog/the-science-of-love/.

4 — Caroline Leaf, *Who Switched Off My Brain* 누가 내 뇌를 바꿔치기 했는가 (Nashville, Thomas Nelson, 2009), 19.

가인데, 그는 정말로 살을 빼려면 당신이 자신에 대해 믿는 거짓말을 극복해야 한다고 말한다. 게이브리얼은 비만과 체중 감량에 대한 부정적이고 역기능적인 믿음들이 비만하게 하는 지방 프로그램을 작동시킨다고 주장한다. 이 지방 프로그램 속에서, 우리의 생각들은 우리의 몸에게 긍정적 변화에 저항하라고 말한다. 그는 이렇게 쓴다.

만일 당신이 당신은 원래 뚱뚱하고, 태어날 때부터 뚱뚱하게 되어 있었고, 뚱뚱할만하다고 믿거나, 살을 빼는 것이 어렵거나 불가능하다고 믿는다면, 당신의 몸은 뚱뚱해지거나 뚱뚱한 상태로 머문다. 왜냐하면 당신의 믿음이 그렇기 때문이다. 당신의 몸이 날씬해지는 것을 원하게 만들면 살을 빼는 것은 쉽고 힘들지 않다. 그러나 그렇게 하려면 당신이 해야 하는 한 가지는, 방해하는 역기능적 믿음들을 제거하는 것이다.[5]

또한 그는 신체적 혹은 성적 학대 때문에 생기는 지방 프로그램들의 예를 든다.

경계선이 무너지면, 지방이 당신과 학대자 사이에 경계선과 방어막을 만든다. 지방은 실제로 학대자를 멀어지게 한다. 때로 성적 학대의 경우, 당신이 살이 찌면, 학대자는 모든 흥미를 잃고 떠난다.[6]

이것 때문에 당신은 이제 지방이 당신의 친구이며 보호자이고, 지방이 당신을 안전하게 해준다고 당신 자신에게 말하게 된다. 그것을 통해, 당신은 지방이 생존 방법이라고 당신 자신에게 말한 것이다.

나와 함께 여기서 멈추고 당신 자신의 생각을 점검해보라. 당신 자신에게 이 질문들을 해보라.

* 나의 목표 달성을 막는 생각들이 있는가?
* 건강하고 자유로운 삶을 막는 거짓말들을 내가 믿고 있는 것이 있는가?
* 나는 나의 목표를 달성할 수 없다고 나 자신에게 말하고 있는가?

만일 당신이 이런 질문들 중의 어느 것에 수긍한다면, 이제는 당신의 사고방식을 바꿀 때다. 첫째로, 종이 한 장이나 일기장을 꺼내서 당신이 당신의 몸과 건강에 대해 믿어온 거짓말을 성령께 계시해 달라고 간구하라. 그 다음에 하나님께 당신 자신에 대한 진리를 보여 달라고 구하라. 예를 들어, 만일 당신이 체중 때문에 사랑받기에 무가치하다는 거짓말을 믿고 있다면, 그 거짓말을 회개하고 당신의

---

5 — Jon Gabriel, *The Gabriel Method 게이브리얼 방법* (New York, Atria Books, 2008), 15.
6 — 같은 자료, 33.

체형과 사이즈는 당신이 사랑받을 자격 요건이 아니라고 진리를 선포하라. 당신은 사랑받을 가치가 있다. 왜냐하면 예수님이 값을 치르셔서 당신을 자격 있게 하셨기 때문이다. 그리고 나서, 이 기도를 하라.

하나님 아버지, 저는 이 거짓말들을 봅니다. 저 자신에 대한 이런 거짓말들을 믿은 것을 이제 회개합니다. 제가 저의 생각과 몸을 오용한 것을 용서해주십시오. 저는 하나님께서 저에 대해 말씀하시는 것을 믿기를 선택합니다.

이제 멈추고 하나님께서 당신에게 말씀하시는 것에 귀 기울이라. 당신에 대해 그분이 생각하시는 것을 말씀하시게 하라. 어떤 사람들에게는 이것이 어렵고 시간이 좀 걸릴지 모르지만, 그래도 괜찮다. 결국 그 거짓말들에서 벗어나 자유 속에 행하게 된다면 가치가 있다. 건강으로 가는 이 여정 중에서 하나님이 당신과 파트너가 되셔서 역사하시는 방법 중의 하나가 있다. 하나님은 당신이 당신 자신과 어떻게 관계해야 하는지에 대하여 완전히 새로운 방식을 주신다.

생각 바꾸기

너희는 이 세대를 본받지 말고 오직 마음을 새롭게 함으로 변화를 받아 하나님의 선하시고 기뻐하시고 온전하신 뜻이 무엇인지 분별하도록 하라

■ 로마서 12:2

이름에 힘이 있다는 것을 아는가? 나는 캘리포니아, 레딩에서 태어나고 자랐다. 우리 부부는 17년을 레딩에서 떠나 살았지만, 결국 하나님께서 우리를 다시 돌아오게 하셔서 베델 교회를 섬기게 하셨다. 나는 돌아오고 나서, 나의 도시를 다시 조사해봐야겠다고 생각했다. 내가 자라고 사랑해온 이 도시의 역사를 안다면 이 도시를 위해 더욱 더 효과적으로 기도할 수 있을 것이라는 생각이 들었기 때문이다.

나는 과거에 이 도시가 빈곤의 들녘(Poverty Flats)이라고 불렸다는 것을 발견했다. 일단 그것을 알아내고 난 후에, 나는 레딩의 사건들과 상황들이 경제적 어려움과 얼마나 맞아 들어가는지 주목했다. 레딩은 항상 경제적으로 어려운 곳으로 알려져 있었다. 많은 사람들의 태도는 가난 의식에 깊게 물들어 있어서, 사람들이 도시의 개선을 위한 변화를 시도할 때조차, 항상 전쟁이 일어났다. 어떤 사람들은 도시가 변하는 것을 원하지 않았다. 기존 삶의 방식에 익숙했기 때

문이다. 어떤 상황이 부정적일 때도, 때로 사람들은 변하지 않기를 선택한다. 익숙한 삶의 방식을 고수하는 것에 잘못된 안전감이 있기 때문이다.

우리 도시의 그러한 역사적 사고방식이 분명히 파악되고 나서, 우리는 우리의 도시가 그런 생각을 바꾸도록 기도했다. 우리 자신부터 레딩에 대한 우리의 생각을 바꾸는 데 주력했다. 하나님이 우리에게 기도를 시키신다고 느낀 한 가지는 우리 도시에 좋은 백화점이 들어서야 한다는 것이었다. 고급 백화점이 레딩에 지점을 열려고 하다가, 조사를 해보고 나서 이 지역에 피자 가게가 너무 많다는 것을 알게 되었다. 그것은 평균 이하 사회경제적 환경의 지표다. 그래서 그것 때문에 그들은 레딩에 지점을 열지 않기로 했다. 우리는 그 소식을 듣고 계속 기도하기로 결정했다. 왜냐하면 그것이 레딩의 경제를 활성화시켜서 빈곤 마인드를 변화시킬 것이라는 것을 알았기 때문이다. 이제 행복하게 말할 수 있다. 우리는 이제 백화점이 있을 뿐 아니라, 우리 지역 지점이 그 백화점 체인에서 가장 매출이 높다. 우리는 이 이야기에서 많은 것을 배울 수 있다. 우리가 우리 도시에 대한 생각을 바꾸자, 도시의 마인드가 변하기 시작했다. 우리의 몸, 건강, 마음가짐에 대해서도 그렇게 할 수 있다.

이제 이것을 적용하자. 리프 박사에 따르면, 사람은 평균 매일 3만 가지 생각을 한다. 그러다 생각이 통제불능이 되면, 우리는 아프게 된다. 연구에 따르면, 두려움은 실제로 1,400가지 이상의 물리적, 화학적 반응을 야기하며, 30가지 이상의 호르몬을 작동시킨다.[7] 리프 박사는 말한다. "현대인이 시달리는 질환의 75-95퍼센트는 생각의 직접적 결과다."[8]!

   중요한 것은 우리가 자신의 상태에 대해 주인의식을 가지고 말할 때 그것이 미치는 영향이다. 우리는 나의 비만, 나의 섭식장애, 나의 고혈압 같은 표현을 얼마나 많이 사용하는가? 당신의 두뇌가 그 말을 듣고 믿는다. 우리의 상태를 우리의 것이라고 선포하면, 두뇌가 그렇게 되어야 한다고 믿고 현재 상황이 변하지 않아야 한다고 믿는다. 보다시피, 우리의 생각은 우리의 삶을 좋은 쪽이든 나쁜 쪽이든 속속들이 바꾸는 힘과 능력이 있다. 당신이 이러한 사고방식을 가졌다면, 캐럴라인 리프 박사의 책을 공부해보기를 강력히 추천한다. 그녀의 훌륭한 책들뿐 아니라 온라인 두뇌 디톡스 프로그램도 있다.[9]

---

7 — Caroline Leaf, "Toxic Thoughts 유독성 생각," *Dr. Caroline Leaf*, http://drleaf.com/about/toxic-thoughts/.

8 — 같은 자료.

9 — "21 Days to a Toxic-Free Mind 21일 동안 정신 해독하기," Switch on Your Brain nternational 두뇌 바꾸기 국제 협회, http://21daybraindetox.com.

회개하라

헬라어 신약성경에서 "회개하다"라는 단어는 단순히 "돌아서다"를 의미한다.[10] 한때 그것은 군대 용어로서 병사가 한 방향으로 행진하다가 "뒤로 돌아!"를 하는 것을 묘사했다. 이 단어가 영적 의미로 사용될 때는, 당신의 생각을 바꾼다는 것을 의미한다.[11] 레딩 도시의 이전 이름이 빈곤의 들녘이었다는 이야기로 돌아가 보자. 내가 미처 깨닫지 못했던 것은, 나도 그 환경 속에서 자라서 같은 사고방식을 갖게 되었다는 것이다. 그것을 깨닫게 된 것은 하나님께서 내가 편안하게 느끼는 범위를 넘어서는 물리적 축복을 우리 삶에 부어주기 시작하셨을 때였다. 침대에 누워 있는데 주님이 내게 말씀하시는 것을 느꼈다. 내가 여전히 빈곤 사고방식을 가지고 있어서 하나님이 우리 가정을 축복하려고 하실 때 내가 보이는 반응에 영향을 미치고 있었다. 나는 즉시 회개하고 의식적으로 생각을 바꾸기 시작했다. 그 결과 놀라운 자유가 내 삶에 임했다! 나는 돌아서기로 결정해야 했다. 그리

---

10 — John J. Parsons, "Thoughts on Repentence 회개에 대한 단상," Hebrew for Christians 기독교인을 위한 히브리어, http://www.hebrew4christians.com/Holidays/Fall_Holidays/Elul/Teshuvah/teshuvah.html.

11 — Jack Graham, "What Does it Mean to 'Repent'? '회개'란 무엇을 의미하는가?" Jesus.org, http://www.jesus.org/following-jesus/repentance-faith-and-salvation/what-does-it-mean-to-repent.html.

고 내 삶에 대해서, 내가 어떻게 살기를 하나님이 원하시는지에 대해서 완전히 새로운 생각을 했다.

만일 당신이 향하고 있는 방향을 바꾸어 자신에 대하여 완전히 새롭고 건강한 생각을 하고 싶다면, 나와 함께 회개하자. 당신의 삶에 대해 긍정적인 선포를 함으로써 새출발을 시작하라.

선포

일단 당신이 당신 자신을 사랑하는 여정을 시작했고, 당신 자신에게 변화를 허락했고, "뒤로 돌아!"를 시작했다면, 당신의 삶에 대해 선포할 수 있다. 이것은 하나님 말씀의 능력을 우리 자신, 우리 삶, 우리의 관계, 우리의 상황에 말하여, 그것을 임하게 하는, 하나님이 주신 방법이다. 하나님은 세상과 우리가 보는 모든 것을 한 마디 말씀으로 창조하셨다. 하나님은 말 그대로 말씀으로 세상을 존재하게 하셨다. 그러므로 우리가 하나님의 형상으로 지어졌다면, 그리고 하늘과 땅의 모든 권세가 우리에게 주어졌다면, 우리의 말에도 능력이 있어야 한다. 성경은 말한다. "네가 무엇을 결정하면 이루어질 것이요 네 길에 빛이 비치리라"(욥 22:28). 선포는 우리의 생각을 하나님의 생각과 일치시키고, 하나님의 뜻을 보고, 그러고 나서 우리가 하나님의 파트너가 되어 하나님의 진리를 말하여 그것을 존재하게 하는 것이다. 내가 좋아하는 선포의 정의는 "어떤 상태의 시작을 공식적으로 선언하는 것"[12]이다. 성령과 더불어 믿음으로 말하면 우리가 처한 환경을 바꾸고 삶의 경로를 바꾸는 능력이 있다고 믿는다.

우리가 매일 아침에 일어날 때마다 결정할 수 있다. 우리는 어떤 하루를 가질지 선택한다. 어떤 날들에는 우리가 통제할 수 없는 일들이 일어난다는 것을 안다. 내가 말하는 것은 매일 아침 선택하는 일상적인 매일의 태도다. 어떤 날들에 나는 일어나서 의식적으로 삶을 선택한다. 나는 "감성형"이라서 나의 감정을 극복하고 생명을 주는 생각과 파트너가 되기가 어려웠던 때가 있었다. 그러나 나는 경험으로 알게 되었다. 내가 아침에 어떤 정서와 파트너가 되기로 결정하든지 그것이 내가 그 날 가질 하루의 유형을 결정할 가능성이 높아진다.

당신은 당신의 삶에서 무엇을 원하는가? 행복? 건강한 관계? 당신은 거룩하고 경건한 선포로 그것들을 존재하도록 만들기로 결정할 수 있다. 하나님도 당신과 파트너가 되고 싶어 하신다는 것을 기억하라. 하나님이 당신을 응원하고 계신다. 하나님은 당신 편이시다. 하나님이 당신에 대해 말씀하시는 대로 당신의 선포를 거기에 일치시키기 시작하면, 당신은 강하고 능력 있는 사람이 된다. 한 성경 구절을 다음의 두 가지로 번역한 것을 보라.

죽고 사는 것이 혀의 힘에 달렸나니

■ 잠언 18:21

말은 죽인다. 말은 생명을 준다. 말은 독이나 과실이다. 당신이 선택하라

▪ 잠언 18:21, 메시지 번역

와, 얼마나 능력 있는 구절인가! 당신과 나는 우리 자신에게 친절하게 말하는 중요한 선택을 해야 한다. 안타깝게도, 우리들 중 많은 사람들이 우리의 몸, 마음, 영을 학대하는 말을 많이 한다. 우리가 우리 자신에게 하는 가혹하고 종종 잔인한 말을 들어보면 놀라울 정도다. 만일 우리가 "내가 이 말을 다른 사람에게 할 수 있을까?"라고 질문해보면, 우리들 대부분은 "절대 아니야"라고 말할 것이다. 그러나 우리는 우리 자신에게 매일 그렇게 말한다. 예수님이 위하여 죽으신 이 놀라운 사람인 나 자신에게 말이다! 우리가 그 부정적인 사고 패턴을 바꾸기로 결정할 수 있어서 감사하다.

스티브 배크런드는 그의 저서 《미래를 여는 선포 Declarations, Unlocking Your Future》에서 말한다. "선포는 우리의 소명의 '집'의 틀이 되는 주 건축 재료다."[13] 당신의 삶과 미래가 어떠하길 원하는가? 그것을 당신에 대해 말하기 시작하라.

---

12 — West's Encyclopedia of American Law 웨스트의 미국 법 백과사전, ed. 2005, Encyclopedia. com, s.v. "Declaration 선언," http://www.encyclopedia.com/topic/Declaration.aspx.

13 — Steve Backlund, *Declarations, Unlocking Your Future* 미래를 여는 선포 (Redding, Calif.:Igniting Hope Ministries, 2013), 1.

그것이 나에게 잘 이뤄지도록, 내가 했던 것은 내가 성령님과 파트너가 되어, 나에 대한 성령님의 마음이 무엇인지 계시해달라고 한 것이었다. 성령께서 내게 말씀하시는 것은 선포하기가 더 쉽다. 왜냐하면 무엇보다도 성령님이 내 편이시라는 것을 알기 때문이다.

웃음

> 마음의 즐거움은 얼굴을 빛나게 하여도 마음의 근심은 심령을 상하게 하느니라
>
> ■ 잠언 15:13

> 마음의 즐거움은 양약이라도 심령의 근심은 뼈를 마르게 하느니라
>
> ■ 잠언 17:22

웃음은 최고의 명약이라고들 한다. 나는 그것이 사실이라는 것을 나 자신의 삶에서 발견했다. 나는 부신피로가 치료될 때 그것을 경험했다. 나는 너무나 오랫동안 극심한 스트레스를 받아서 내 몸에 가장 필요한 것은 쉬고 웃는 것이었다! 나는 나를 포복절도하게 하는 재미있는 TV 프로그램들, 〈나는 루시가 좋아〉와 〈앤디 그리피스 쇼〉를 꼭 시청했다.

웃음에 대한 연구에 따르면, 어린이는 하루 300번 정도 웃지만, 40

세의 평균 성인은 하루에 네 번만 웃는다.[14] 우리는 웃도록 되어 있다! 웃음보가 터진 꼬마를 보면 그것을 알 수 있다. 한 무리의 사람들 중에서 몇 사람이 웃음이 터지면 어떻게 되는지 보았는가? 곧 전체 그룹이 웃기 시작한다. 무엇 때문에 웃는지 모르면서도 말이다. 그것은 하나님이 웃음을 전염성 있게 만드셨기 때문이다.

웃음이 건강의 특효약인 것은 우연이 아니라고 생각한다. "웃음은 최고의 명약이다"라는 글에서 주장한다. "유머와 웃음은 면역체계를 강화시키고, 에너지를 북돋고, 고통을 경감시키고, 스트레스의 피해로부터 보호해준다." 웃음은 또한 몸 전체의 긴장을 풀어주고, 엔돌핀을 방출시키고, 심장을 보호한다.[15] 놀랍다!

내가 성령님에 대해 좋아하는 한 가지는 성령께서 우리 삶에 나타나실 때 종종 웃음이 동반된다는 것이다. 나는 하나님이 우리의 치유를 위해 그렇게 하신다고 믿는다. 미친 듯이 웃다가 마침내 멈출 때의 그 "행복한" 느낌을 아는가? 그것은 모든 것을 올바른 관점으로 보게 해주는 놀라운 느낌이다. 나는 하나님이 웃음을 사용하셔서 우

---

14 — Pamela Gerloff, "You're Not Laughing Enough, and That's No Joke 당신은 충분히 웃고 있지 않다. 그건 심각하다," *The Possibility Paradigm blog*, posted June 20, 2011, Psychology Today 오늘날의 심리학, http://www.psychologytoday.com/blog/the-possibility-paradigm/201106/youre-not-laughing-enough-and-thats-no-joke

15 — Melinda Smith and Jeanne Segal, "Laughter is the Best Medicine 웃음이 최고의 명약이다," Helpguide.org, 2015년 6월에 업데이트 됨, http://www.helpguide.org/articles/emotional-health/laughter-is-the-best-medicine.htm.

리의 몸과 정신에 회복과 평화를 주시는 것이 좋다.

선포와 더불어, 당신 자신에 대한 거짓말과 싸우는 또 다른 방법은 그 거짓말들을 비웃는 것이다. 나는 당신이 그것을 해보기를 권한다. 그렇다. 거짓말을 비웃어라! 내가 아는 한 목사님은 그것을 정말로 중요하게 여긴다. 그는 사람들을 둥그렇게 앉게 하고서, 그룹의 한 사람씩 자신에 대해 믿는 거짓말이 뭔지 말하게 한다. 그러면 그룹 전체가 그 거짓말에 대해 웃는다. 그것은 능력 있는 사역이다. 웃음이 거짓말의 위력을 재미있는 방법으로 무너뜨리기 때문이다. 그것은 진리를 드러내고, 올바른 관점을 갖게 해준다. 내가 혼의 치유에 대해 가르칠 때도 그렇게 한다. 사람들이 오랫동안 믿어온 거짓말에 대해 웃는 것만으로도 엄청난 돌파가 일어나는 것을 보아왔다. 나는 스티브 배크런드의 《그것을 비웃자 Let's Just Laugh at That》를 강력히 추천한다.

이제 혼의 건강이 얼마나 중요한지 알기를 바란다. 우리는 삼위일체적 존재이므로, 우리 존재의 모든 측면을 건강하고 자유롭게 하는 것이 중요하다. 그것은 아무리 강조해도 지나치지 않다. 당신이 혼의 건강에 관심을 기울이고 혼의 치유를 향해 나아갈 때, 그것은 당신의 정신만이 아니라 몸에도 일대 전환점이 될 것이다.

사랑하는 자여 네 영혼이 잘됨 같이 네가 범사에 잘되고 강건하기를 내가 간구하노라

■ 요한삼서 1:2

제 3 장

하나님의 예술

소망이 더디 이루어지면 그것이 마음을 상하게 하거니와

소원이 이루어지는 것은 곧 생명 나무니라

· 잠언 13:12 ·

남편과 나는 전 세계로 다니며 교회 컨퍼런스와 집회에서 말씀을 전한다. 상상이 되겠지만, 우리는 많은 시간을 공항에서 보낸다. 나는 공항에서 기다리는 동안 사람들을 지켜보고 관찰하기를 좋아한다. 인간은 명석하고 매력적이며 많은 장점들을 가지고 있다. 사람들의 신체 언어나, 가족이나 다른 여행자들과 교류하는 방식을 보면 그 사람들에 대해 많은 것을 알 수 있다.

내가 주목하게 되는 또 하나는 많은 사람들이 아프다는 것이다. 안타깝게도, 교회 안의 사람들도 마찬가지다. 그것은 나를 슬프게 한다. 왜냐하면 나는 예수님을 아는 사람들이 가장 행복한 사람들이어야 할 뿐 아니라, 또한 지구상에서 가장 건강한 사람들이어야 한다고 느끼기 때문이다! 내가 이렇게 말하는 의도는 건강하지 않은 사람들에게 수치심이나 죄책감을 주려는 것이 아님을 이해해주기 바란다. 앞서 얘기했듯이, 남편과 나는 교회 컨퍼런스에서 강연하길 좋아하고, 우리의 핵심 신념은 병자에게 손을 얹어 낫게 하는 것이다. 그래서 그런 사역을 하면서 나는 어떤 사람들이 아픈 데는 많은 이유들이 있고, 아프다고 해서 그것을 항상 스스로 초래한 것은 아니라는 것을 잘 안다. 이유와 상관없이, 수치심을 갖지 않는 것이 중요하다. 왜냐하면 수치심은 당신을 움츠러들게 하고, 포기하라고 유혹하기 때문이다. 나는 당신이 어떤 부정적인 라이프스타일이나 자기 파괴적 패턴에서 벗어나서 날 수 있다는 희망을 새롭게 해주고 싶다. 당신은 그 속에서 절망적으로 옴짝달싹 못하고 있다. 그러나 거기서 벗어나면, 당신은 생명과 기쁨을 누릴 것이다.

위대한 디자이너

우리는 하나님에 의해 디자인되었다. 하나님은 역사상 가장 위대한 예술가이시다. 우리는 지극정성으로 세밀하게 만들어졌다. 당신은 하나님의 최고의 걸작품이다.

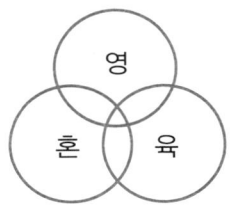

나는 항상 영, 혼, 육의 이 그림에 매료된다. 나는 우리가 세 가지 다른 요소들로 만들어져 있고 그 세 가지가 모두 연결되어 있다는 사실이 좋다. 그것들은 아름답게 상호연계되어 있어서, 이것이 하나님의 창조 의도임을 분명히 알 수 있다. "상호연계"의 의미는 함께 연결되어 있다는 것이다. 다시 말해서, 몸, 마음, 영은 분리될 수 없다. 이 사실은 나를 매료시키고, 우리가 하나님의 가장 위대한 피조물이라는 결론을 내리게 한다.

가장 좋은 것을 나중에

많은 사람들이 창조 이야기를 잘 안다. 하나님이 엿새 동안 하늘과 땅, 그리고 그 안의 모든 것을 창조하셨다. 흥미로운 점은 하나님이 가장 정교하고 복잡한 최고의 피조물을 마지막에 창조하셨다는 것이다. 그것은 바로 우리다! 나는 하나님이 그렇게 역사하신다고 확신한다. 하나님은 가장 좋은 것을 마지막에 남겨두신다.

요한복음에서도 비슷한 일이 일어났다. 예수님이 첫 기적을 행하셨을 때다.

예수께서 "이제 주전자에 가득 담아 잔치를 맡은 자에게 가져다주어라" 하고 말씀하셨다. 종들은 그대로 했다. 잔치를 맡은 자가 물이 변하여 된 포도주를 맛보고서, 큰 소리로 신랑을 불러 말했다. (그는 방금 무슨 일이 일어났는지 몰랐지만, 종들은 알고 있었다.) "내가 알기로는, 누구나 처음에 가장 맛좋은 포도주를 내놓다가 손님들이 잔뜩 마신 뒤에는 싸구려를 내놓는데, 그대는 지금까지 가장 좋은 포도주를 남겨 두었구려!" 갈릴리 가나에서 행하신 이 일은 예수께서 보여주신 첫 번째 표적이었고, 처음으로 자신의 영광을 나타내신 것이었다.

■ 요한복음 2:8-11, 메시지 번역

성경 시대의 관행은 가장 좋은 포도주를 먼저 내고, 모두가 마시고 난 후에 덜 비싼 포도주를 내오는 것이었다. 그러나 예수님은 사회적 통념을 깨뜨리셨다. 예수님이 자주 그렇게 하기를 좋아하셨듯이 말이다. 그리고 최고의 맛있는 포도주를 창조하셔서 마지막에 즐기게 하셨다.

물을 포도주로 바꾸는 능력도 놀랍지만, 더 중요한 것은 이 기적에 담긴 메시지다. 여기서 예수님이 그분의 성품을 계시하셨다. 그것은 단지 전통과 인간의 논리에 대한 도전이 아니라, 그 이상의 더 깊은 메시지를 갖는다. 이 기적은 예수님의 탁월하심과 천국의 찬란한 영광을 나타낸다. 사람들은 예수님이 물을 포도주로 바꾸실 수 있을 것이라고 기대하지 않았고, 가장 좋은 포도주를 잔치 끝에 창조하셔서 기준을 높이실 것이라고는 더더구나 기대하지 않았다. 그러나 예수님은 그렇게 하셨다. 예수님은 가장 좋은 것을 마지막에까지 남겨두셨다. 예수님은 아버지가 하시는 것을 본 것만 한다고 하셨다. 아버지께서도 세상을 창조하실 때, 가장 좋은 것을 마지막까지 남겨두셨다.[1]

하나님의 창조 솜씨의 다른 예는 하나님이 모세에게 성전 건축을 자세히 지시하신 것이다. "내가 그들 중에 거할 성소를 그들이 나를 위하여 짓되 무릇 내가 네게 보이는 모양대로 장막을 짓고 기구들도 그 모양을 따라 지을지니라"(출 25:8-9).

그 장 전체에서, 하나님은 모세에게 성전을 어떻게 짓기 원하시는지 구체적으로 말씀하신다. 어떤 나무와 천을 쓸 것인지 정해주시고,

정확한 치수까지 주셨다. 나는 그 성전이 숨 막히게 아름답고 뛰어났을 것이라고 상상한다. 왜냐하면 하나님이 세부사항까지 소홀히 하지 않으셨기 때문이다. 그것은 하나님이 잔소리꾼이어서가 아니라, 대 디자이너이신 하나님을 계시하기 위해서였다. 하나님은 작은 세부사항 하나하나에까지 정교하게 하기를 좋아하신다. 우리가 그것을 아는 것은 성경이 말하기를, 하나님이 우리를 열정적으로 돌보실 뿐 아니라, 우리의 머리카락 수까지 아신다고 하기 때문이다![2] 어떤 사람을 그보다 더 자세히 알 수는 없을 것이다.

하나님이 이 세상에 창조하신 모든 아름다움과 경이 중에서도, 우리는 하나님의 최고의 걸작품이다. 하나님이 우리를 지으실 때의 엄청난 지식과 정성은 우리를 말문이 막히게 한다. 우리는 참으로 하나님의 최고의 디자인이다. 최고의 걸작품이다. 하나님이 태초에 웅장한 산들, 광활한 바다, 힘 있게 굽이쳐 흐르는 강들, 무한한 신비를 담은 하늘을 창조하셨지만, 여전히 그것들로는 하나님의 마음에 만족이 없었다. 그래서 하나님이 사람들을 창조하셨다. 하나님은 가장 최고를 가장 마지막에 남겨두셨다.

---

1 — 창세기 1:26-28.

2 — 누가복음 12:7.

참된 존재

하나님이 세상을 창조하실 때, 매우 흥미로운 결정을 하셨다. "우리[아버지, 아들, 성령]의 모양대로 우리가 사람을 만들자"(창 1:26).

아버지, 아들, 성령이 한 삼위일체 하나님이시듯이, 우리도 삼위일체적 존재로 창조되었다. 우리는 영, 혼, 육으로 구성된다. 삼위일체의 아름다움과 신비는 세 분이 분리되시지 않는다는 것이다. 그분들은 다르지만 똑같다. 하나님의 형상으로 만들어졌으므로, 우리도 그렇다. 우리의 영, 혼, 육이 분리되지 않는다. 우리는 자신을 이러한 총체적 존재로 보아야 하고, 하나님이 우리의 한 부분을 다른 부분보다 높이지 않고 만드셨다는 사실을 소중히 여기고 인식해야 한다.

남편 빌과 나는 모두 그림을 좋아해서 몇 작품을 집에 걸어두었다. 우리는 새로운 그림이 생길 때마다, 우리 집의 어디에 걸어야 할지 안다. 우리는 절대로 비싼 그림을 사서 우리 차로 함부로 옮겨 뒷좌석에 던져두었다가 집의 창고에 놔두어 먼지만 쌓이게 하지 않는다. 그렇게 한다면 그림이 망가질 뿐 아니라, 예술가도 모욕하는 것이 될 것이다. 우리는 그림을 모두가 보도록 전시한다! 하나님에 대해서도 마찬가지다. 우리는 하나님의 아름다운 작품으로서 멋진 디자인으로 정교하게 만들어졌다. 모든 세포, 근육, 장기가 전략적으로 함께 만들어졌다. 그러므로 우리의 몸을 학대하는 것은 하나님이 섬세하고 탁월하게 만드신 것을 함부로 하는 것이다. "주께서 내 내장을 지으시며 나의 모태에서 나를 만드셨나이다"(시 139:13).

하나님이 우리 인간을 처음부터 조성하셨다. 성경은 하나님이 우리를 어머니의 태중에서 지으셨다고 말한다. 와! 모든 부모는 아기의 초음파 사진을 보았을 때 처음 느꼈던 넘치는 기쁨과 경이로움을 기억할 것이다. 당신은 몇 달마다 아기가 태중에 자라고 성숙하는 것을 보았다. 매일 아기는 뭔가 발달하고 있었다. 그것은 하나님이 친히 하신 일이다. 존재의 첫 순간부터, 하나님이 우리를 큰 기쁨과 사랑으로 창조하시고 지으셨다. 우리는 하나님의 위대한 디자인이다.

자라면서, 과학은 늘 내가 좋아한 과목이었다. 나는 특히 해부학이 흥미롭다. 하나님이 우리를 얼마나 정교하게 조성하셨는지 볼 수 있기 때문이다. 인간의 몸을 연구하면서, 조직, 장기, 근육, 신경이 함께 조화롭게 작동하는 것을 알게 될 때, 나는 감탄하게 되며 하나님이 얼마나 위대하신지 생각하게 된다. 과학은 항상 나를 하나님께 더 가까워지게 하고, 하나님의 독창성과 놀라운 계획에 대해 그 위대하신 디자이너께 감사하게 한다.

피

그 좋은 예는 하나님이 우리의 피를 어떻게 디자인하셨는가이다.

피는 백혈구, 적혈구, 혈장으로 이뤄진다. 피는 우리의 신체 중에서 가장 자주 검사를 받는다. 생명의 강이라고 하는 피는 우리 몸의 모든 세포가 다양한 필요를 채움 받기 위해 의지하는 것이다. 피는 노폐물을 운반하고 산소와 영양소를 우리 몸의 모든 세포에 공급한다. 백혈구는 신체 속에서 다니며 면역체계의 핵심으로 작동하여, 우리를 질병, 감염으로부터 보호한다. 백혈구는 몸을 순환하며 감염과 싸우기 위해 그들이 필요한 곳에 간다. 적혈구는 몸에 산소를 운반하고, 이산화탄소도 운반한다. 놀랍게도, 적혈구는 핵이 없고 모양을 바꿀 수 있어서 모세혈관 속으로도 납작해져서 줄지어 이동한다.

간단히 말해서, 우리 몸의 정밀함은 놀랍고 나는 그것을 발견할수록 우리의 창조자와 더 깊이 사랑에 빠지게 된다. 우리를 정교하게 디자인하신 것은 하나님의 존재를 증명할 뿐 아니라, 하나님이 우리를 참으로 사랑하신다는 것을 증거한다.

근육

건강에 이르는 여정 중에, 나는 내가 근육 운동을 해서 올바른 체형을 유지하는 것을 얼마나 좋아하는지 재발견했다. 나는 보디빌더이고, 헬스장에 가서 역기를 드는 것보다 내가 더 좋아하는 것은 별로 없다. 운동으로 우리의 근육을 관리하는 것은 지극히 중요하다.

왜냐하면 근육이 우리의 장기와 뼈를 보호하도록 디자인되었기 때문이다(이 주제는 이 책에서 나중에 더 다루겠다). 특히 나는 근육 운동의 중요성과 특정 근육 그룹에 초점을 맞추는 것의 전략적 중요성을 배웠다. 어느 날, 나는 헬스장에서 근육 운동을 하면서, 나의 등 근육에 초점을 맞추었다. 딸, 리아도 같이 운동하고 있어서, 나는 사진을 좀 찍어달라고 했다(이것은 중요하다. 왜냐하면 우리의 진척 상황을 측정하는 것은 계속해 나아가게 하는 큰 격려가 되기 때문이다). 나는 집에 가서 사진을 보고 놀랐다. 나의 등에 내가 몰랐던 근육이 있었다! 나는 하나님이 우리를 얼마나 아름답게 디자인하셨는지 생각했다. 그리고 하나님이 나에게 주어 살게 하신 이 성전을 잘 관리해야겠다는 의욕이 고취되었다. 여러분은 모두 각자의 성전을 받았다. 그것은 바로 당신을 위해서만 전략적으로 디자인되고 만들어졌다. 그리고 당신은 그것을 돌볼 수 있는 유일한 사람이다. 그리스도인인 우리는 영과 마음을 어떻게 돌보아야 할지 아는 것은 쉽다. 그러나 때로 우리는 우리의 몸을 관리하는 것 역시 그에 못지않게 중요하다는 것을 잊는다. "누구든지 언제나 자기 육체를 미워하지 않고 오직 양육하여 보호한다"(엡 5:29).

당신이 이 책을 읽고 당신의 여정을 계속해 나아갈 때, 하나님께서 당신이 얼마나 완전하게 만들어졌는지 당신에게 계시해주시기를 기도한다. 당신이 하나님의 최고의 작품이라는 것 말이다. 당신의 영과 마음을 하나님께 맞출 뿐 아니라, 당신의 몸도 그렇게 하는 것의 중요성을 당신이 알기를 기도한다. 하나님이 우리에게 균형을 주셔서 그 안에서 행하게 하신다. 바라건대 당신이 하나님을 온전히 의지하여 그것을 발견함으로써 당신의 몸, 마음, 영이 하나님 안에서 온전하기를 바란다.

제 4 장

건강의 도구들

소망이 더디 이루어지면 그것이 마음을 상하게 하거니와

소원이 이루어지는 것은 곧 생명 나무니라

• 잠언 13:12 •

하나님이 우리가 성공적으로 살도록 도구를 주셨다. 건강을 이루고 당신의 몸을 잘 관리할 간단하고 실용적인 방법들이 있다. 이 단락에서 그 도구들을 살펴보겠다.

이 책은 당신이 따라야 할 규칙들이 아니라, 나의 개인적 이야기에서 나온 가이드라인이라는 것을 기억하라. 이것들은 내 삶에 적용한, 기반이 되는 도구들이다. 개인 건강관리자의 조언과 더불어, 이것들이 당신의 여정을 안내해주기를 바란다.

함께 시작해보자!

수분 섭취

건강한 삶의 가장 중요한 요소가 무엇이냐는 질문에 나는 항상 "물 마시기"라고 대답한다. 몇 년 전에 한 친구가 아픈 자신의 어머니에 대한 조언을 구했다. 의사는 무엇이 문제인지 찾지 못했다. 나는 수분 섭취를 어떻게 하고 있는지 여쭤보라고 했다. 알고 보니 친구의 어머니는 물을 마시지 않을 뿐 아니라, 커피를 입에 달고 사셨다. 그것은 탈수를 더 심하게 한다! 나는 친구에게 말했다. 어머니의 몸무게가 몇 파운드인지를 반으로 나누어 그 수만큼의 온스의 물을 매일 마시라고 했다(1파운드≒0.5킬로그램, 1온스≒ 0.03킬로그램 - 역주). 그리고 나서 최소한 2주 동안 그렇게 하고 나서 나에게 경과보고를 해달라고 했다. 과연 친구가 즐겁게 보고한 바에 따르면, 친구 어머니의 증상이 줄어든 정도가 아니라, 완전히 사라졌다! 우리가 경험하는 신체적 문제들은 단지 수분 부족에서 오는 경우가 흔하다.

물이 우리의 건강을 결정짓는 핵심 요소인 데는 많은 이유들이 있다. 우리 몸의 50-75퍼센트는 물로 이뤄져 있다는 것을 아는가? 유아의 몸은 수분 비율이 높아서, 흔히 75-78퍼센트에 달한다. 그러다

한 살이 되면 65퍼센트로 떨어진다.[1] 신체 조성과 활동성 수준도 몸의 수분 비율에 영향을 미친다. 왜냐하면 지방 조직이 근육 조직보다 더 많은 수분을 함유하기 때문이다. 예를 들어, 성인 남성의 신체는 60퍼센트가 수분인 반면에, 평균 여성은 55퍼센트다(왜냐하면 여성은 남성보다 지방 조직이 많기 때문이다). 그 결과, 과체중인 사람들이 더 많은 수분을 함유한다.[2]

만일 당신이 목마르다면, 이미 탈수가 시작되었고, 신체 수분의 2-3퍼센트를 잃어버린 것이다. 신체의 수분 함유량이 1퍼센트 떨어질 때마다 정신적, 신체적 협응력이 손상되기 시작한다.[3] 아이쿠! 그러므로 수분섭취를 충분히 하는 것이 왜 중요한지 알 수 있다.

데이빗 헐적은 그의 저서 《초자연적 건강에 이르는 자연적 방법 Natural to Supernatural Health》에서 대다수의 사람들이 항상 탈수 상태라고 말한다. 많은 사람들은 그것을 깨닫지 못한다. 왜냐하면 그들이 목마를 때 항상 탄산 음료수나 카페인이 든 단 라테를 마시기 때문이다. 그들은 모르지만, 그것은 탈수를 심하게 할 뿐이다. 수돗물

---

1 — "The Water in You 당신 몸 안의 물," U.S. Department of the Interior 미국 내무부, 2015년 5월 5일에 업데이트 됨, http://water.usgs.gov/edu/propertyyou.html.

2 — Don Colbert, *The Seven Pillars of Health* (Lake Mary, Fla.: Charisma House, 2007), 7. (건강의 기술 : 안 아프고 사는 7가지 핵심 원리, 홍성사)

3 — Anne Marie Helmenstine, "How Much of Your Body is Water? 당신의 몸의 어느 정도가 수분인가?" About.com, ttp://chemistry.about.com/od/waterchemistry/f/How-Much-Of-Your-Body-Is-Water.htm.

을 마시기도 한다. 그러나 그것은 인, 염소 등의 화학물질뿐만 아니라 중금속과 독소도 들어있을 수 있다. 탈수는 다양한 질병, 신진대사 저하로 이어질 수 있다.[4] 인간의 신체는 음식 없이 몇 주를 생존할 수 있지만, 물 없이는 사나흘 만에 정지된다.

그렇다면 우리는 물을 얼마나 더 많이 마셔야 하는가? 대강의 공식은 이렇다. 당신의 몸무게를 파운드로 계산해서 2로 나누어서 그 숫자만큼의 온스의 물을 마신다. 예를 들어, 당신이 130파운드(59킬로그램)라면, 65온스(1.9킬로그램)을 매일 마셔야 한다. 이것이 너무 많아 보일 수 있다. 나도 그랬다! 건강으로의 여정을 시작하기 전에, 나도 물을 충분히 마시지 않았다. 나는 물을 많이 마시고 싶지 않았고, 그것을 생각만 해도 지겨웠다. 내가 500밀리리터의 생수를 샀던 때를 기억한다. 나는 그것을 보며 하루에 그것을 다 마시기는 어렵다고 생각했다! 그러나 나는 굳은 의지를 발휘하여 그것을 다 마셨다. 그것이 내 몸에 충격을 주었나보다. 속이 메스꺼웠다. 그러나 나는 수분 섭취가 건강으로 가는 길의 핵심 요소라는 것을 알았기에 계속했다. 그런데 시간이 지나며, 내가 물을 좋아하게 되었을 뿐 아니라, 나의 몸도 물을 좋아하게 되었다. 수분을 충분히 섭취하자, 컨디션이 얼마나 좋아졌는지 놀랄 정도였다. 요즘 나는 근육운동을 열심히 하면서 하루에 1갤런(3.9리터)의 물을 마신다. 처음에는 500밀리리터의 물조차 겁냈던 여자에게 얼마나 큰 변화인가.

나는 내 몸이 수분을 충분히 섭취하도록 주의를 기울인다. 나는 침대 곁에 물 한 잔을 두고, 내가 눈을 뜨자마자 마실 수 있게 한다. 그리고 그 다음에 아침 식사 전에도 물 한 잔을 잊지 않고 챙긴다.

물은 젊음의 샘이라고 한다. 왜냐하면 물이 없이는 아무것도 생존하지 못하기 때문이다. 모든 세포, 장기, 근육, 뼈는 깨끗하고 좋은 물로 활발히 살아난다. 사실, 물 마시기는 노화를 늦추는 최고의 방법 중 하나다. 그것은 주름 방지의 최고의 방법이며, 백화점에서 파는 주름 개선 세럼보다 당신의 은행 계좌에도 좋다!

물은 또한 우리 몸의 주요 에너지원이어서, 몸의 "유동성"이라고 한다. 그래서 물은 모든 세포 안에 전기 및 자기 에너지를 생성한다.[5] 물은 DNA 손상을 방지하고 몸의 손상 복구 기제를 더 효율적으로 만든다. 또한 물은 골수(면역체계가 형성되는 곳) 안의 면역체계의 효율성을 증가시키고, 항암작용을 돕는다.[6] 물은 소화를 촉진하고, 몸이 음식을 에너지로 전환하게 돕는다.[7]

물은 또한 가장 효과적인 배설촉진제로서 변비를 예방한다. 물은

---

[4] — David Herzog, *Natural to Supernatural Health* 초자연적 건강에 이르는 자연적 방법 (Sedona, Ariz.: DHE Publishing, 2010), 30.

[5] — "Functions of Water in Your Body 체내 수분의 기능," Magnation Corporation, http://www.moreplant.com/health/functions-of-water.php.

[6] — 같은 자료.

[7] — 많은 사람들이 식사 중에 물을 마시는 것을 230그램으로 제한해야 한다고 생각한다. 물이 위산을 줄여 소화를 방해한다고 생각한다. 대강의 규칙은 식전 20분 내에 물을 마시지 않고, 식후 20분 후에 마시는 것이다.

기분전환용으로도 좋다. 오후에 나른할 때, 커피나 탄산음료를 마시는 습관이 있다면, 그 대신 물을 한 잔 가득 따라서, 몸이 좋아하는 에너지원을 공급해주라! 물은 여자들의 생리통과 홍조도 줄여준다.

　이것들은 물이 어떻게 당신의 몸의 치유와 회복을 돕는지의 몇 가지 예들에 불과하다. 물을 더 마셔야 하는 이유들을 더 알고 싶다면, 《당신은 아픈 게 아니라, 목마른 거예요 You're not Sick, You're Thirsty》[8]를 읽기 바란다. 더 읽기 전에, 당신 자신을 위해 깨끗한 물 한 잔을 따라서 마시지 않겠는가?

물이라고 다 물이 아니다

　물 광고를 보면, 꼭대기에 흰 눈이 쌓이고 침엽수가 우거진 산에서 쏟아지는 강물이 평화롭게 흘러간다. 신선한 숲 내음과 콸콸 쏟아지는 물소리가 들리는 것 같다. 그런 광경은 당신을 평화롭게 하여, 당신이 마시려고 하는 물이 그런 아름다운 곳에서 나온 것이라고 믿게 한다. 그러나 안타깝게도 사실 오늘날에는 깨끗한 물을 찾기가 상당히 어렵다. 전에는 가장 믿음직하다고 여겨졌던 가정 우물조차 지금은 오염되었다. 그 이유는 오늘날의 농산물에 화학물질이 스며들어 있기 때문이다. 1968년에 미국은 백만 번째 화학물질을 제조하는 쾌거를 이루었다. 그뿐 아니라, 더 나빠지고 있다. 8,369,477가지 인공 화학제품이 우리의 음식 및 음료수 상품에 상업적으로 사용될 수 있다(2006년 2월 기준). 정부 보고에 따르면, 식수에만도 2,000가지가 넘는 화학물질이 발견되었다.[9] 그것을 더 자세히 다루지는 않겠다. 그랬다가는 책 한 권 분량이 될 것이기 때문이다. 그러나 우리가 알아야 할 몇 가지 중요한 화학물질에 대해 살펴보겠다.[10]

염소

나쁜 박테리아가 물에 모이기 쉽다. 특히 물이 고여 있다면 말이다. 그래서 염소를 넣는다. 왜냐하면 염소가 박테리아를 죽여서 물을 정화시키기 때문이다. 그러나 거기에 장단점이 있다. 물속의 박테리아는 제거하는 것이 맞지만, 완전히 안전하지는 않은 인조 화학물질이 거기 남기 때문이다. 염소가 유기 물질과 결합되면 암을 유발하는 트리할로메탄을 만든다. 그래서 연구에 따르면 염소와 여러 종류의 암, 선천적 장애, 유산, 척추 파열이 상관관계가 있는 것으로 여겨진다. 염소가 들어간 물은 신체에 필요한 영양소들도 파괴한다. 그것은

---

8 — F. Batmanghelidj, *You're Not Sick, You're Thirsty* 당신은 아픈 게 아니라 목마른 거예요 (New York: Warner, 2003), 32.

9 — Colbert, *The Seven Pillars of Health*, 15. (건강의 기술 : 안 아프고 사는 7가지 핵심 원리, 홍성사).

10 — 더 많은 정보는 1988년에 나온 다음 책에서 찾아보라, *Troubled Waters on Tap* 수돗물의 문제, by Duff Conacher.

비타민 A, B, C, E와 유기산 등이다. 그것은 또한 만성 피부 질환, 여드름, 건선, 습진 등과도 연관된다.[11]

우리들 대부분은 수돗물로 씻는다. 그것은 염소를 우리의 피부와 얼굴에 직접 붓는 것이다. 직접 먹거나 마시지 않는다고 해서, 몸에 침투하지 않는 것은 아니다. 우리의 피부는 우리의 신체 기관 중에 가장 크고, 화장품, 비누, 목욕 물 등 접촉하는 모든 것을 흡수한다. 나는 샤워기에 필터를 장착했다. 나는 이제 그것에 익숙해졌다. 그래서 내가 여행 중에 씻을 때면 머리카락과 피부의 결이 집에서와 다르고, 수분이 부족한 것을 느낀다. 염소는 갑상선에도 부정적인 영향을 미친다. 그것은 이 책의 갑상선 단락에서 더 자세히 다루겠다.

불소

불소는 대부분의 식수에서 발견되는 유독성 화학물질이다. 치약에 쓰인 경고 문구를 읽어보라. 불소가 충치를 예방하지만, 그 대신 치러야 하는 값이 있다. 간 효소 파괴, 신장 조직에 독성 추가, 임신율 감소, 송과체와 멜라토닌 수준에 부정적 영향(불면증 환자들은 이것이 와 닿는가?)이 그것이다. 또한 불소는 갑상선 기능 저하와 여러 두뇌 장애, 가령 알츠하이머와 치매 등과 연관된다.[12]

정부가 이런 화학물질을 물에 넣는 이유가 있다. 그 이유를 인식하는 것은 중요하다. 즉 그것은 해로운 박테리아와 물질들로부터 우리를 보호하려는 것이다. 나는 그것에 대해 감사한다. 그러나 식수에 대해 제대로 알아서, 당신과 가족을 위하여 건강한 다음 단계가 무엇일지 결정할 수 있어야 한다.

다음 단계

대부분의 문제들이 그렇듯이, 이 문제에도 다양한 해결책들이 있다. 월마트나 주방용품 가게에 가면, 20달러부터 수천 달러에 달하는 다양한 가격대의 식수 필터들이 있다. 우리들 대부분은 가격 때문에 가장 고급 필터를 쓸 수 없다. 그러나 가능한 선택사안들이 있다. 나는 정수기가 있다. 남편과 나는 요리와 식수에 그것을 사용한다. 그러나 만일 당신에게 그것이 불가능하다면, 좋은 시작은 피처형 정수기일 것이다. 이 책 뒷부분에 좋은 필터들을 수록했다. 온라인으로 당신에게 맞는 물 필터를 찾게 해주는 자료들도 많다. 그것은 나의 다음 주제로 이어진다. 알칼리수인가, 아닌가?

우리 집의 작은 정수기는 물을 알칼리수로 만들어준다. 알칼리수

---

11 — Colbert, *The Seven Pillars of Health*, 17. (건강의 기술 : 안 아프고 사는 7가지 핵심 원리, 홍성사).

12 — Suzann Wang, "Toothpaste Woes: Fluoride's Dark Side 치약의 문제: 불소의 부작용," Green Health Spot, http://www.greenhealthspot.com/2008/01/toothpaste-woes.html.

정수기는 산성수를 알칼리수와 나누어준다. 우리 몸은 알칼리 상태로 살아야 하며, pH 수준이 7.0-7.5가 되어야 한다. 나는 침으로 검사하는 검사지로 나의 알칼리도를 이따금씩 측정한다.

설령 당신이 알칼리수 정수기를 가질 여유가 없다 하더라도, 물을 많이 마시라. 중요한 것은 물에 뭐가 들었는지 몰라서 탈수상태로 있기보다 수분 섭취를 충분히 하는 것이다. 감사하게도, 비싼 기계가 없더라도 물을 알칼리수로 만드는 몇 가지 방법이 있다. 예를 들어, 신선한 레몬과 라임은 모두 알칼리수로 만드는 효과가 있다. 그러므로 당신이 다음에 마실 물에 레몬즙을 짜 넣으라. 보너스로, 레몬을 넣은 물은 소화를 촉진한다.

통에 담아 판매하는 물을 마시려면, 수원지에서 담아온 물인지 확인하라. 내가 사는 북부 캘리포니아의 샤스타 산에는 바위산에서 나오는 샘물이 있다. 많은 가정들이 큰 통을 가져가서 깨끗한 원천에서 물을 떠온다.

수질은 방대한 주제일 수 있다. 이 주제에 대한 정보가 방대하기 때문이다. 한 가지 밝힐 것은 알칼리수를 마시는 것에 대해 모든 사람이 찬성하지는 않는다는 것이다. 자연 요법 치료사인 한 친구는 샘물만 마신다. 알칼리수를 마시느냐, 샘물을 마시느냐는 충분한 수분 섭취라는 주제에 비하면 부차적이다. 이 장에서 꼭 기억하고 넘어가야 할 것이 있다. 물을 마시라, 마시라, 마시라!

잠의 위력

내가 수면이 늘 부족하던 때에, 나는 이국적인 섬에서 아무 방해 없이 푹 자는 것을 꿈꿨다. 많은 사람들이 일어나야 한다거나, 아침 식사를 준비해야 한다거나, 아이들을 등교시켜야 한다거나, 출근하라는 압력을 받지 않고 푹 자는 것을 꿈꾼다. 생활의 분주함 속에서 잠은 뒷전으로 밀려나기 일쑤다. 당신은 늘 분주한 삶 속에서 늘 어디에 가야 하거나, 뭘 해야 하는 입장일 수 있다. 그래서 아마 당신은 지쳐 쉬려고 하면 죄책감이 들 것이다. 왜냐하면 당신은 몇 시간만 자고 버텨내야 한다고 생각하기 때문이다. 너무나 많은 사람들이 단지 자는 것 말고 더 생산적인 것을 해야 한다고 생각한다.

내가 그렇게 생각했었다. 내가 젊은 엄마일 때, 항상 삶이 아이들의 떠드는 소리, 다른 엄마들과 만나 함께 아이들을 돌볼 약속, 저녁 식사 준비, 난장판 청소로 분주했다. 물론 자녀들이 큰 기쁨이었지만, "나 혼자만의 시간"을 갖는 재충전이 필요했다. 대부분의 부모들이 그렇듯이, 내 삶은 이제는 내 것이 아닌 것 같았다. 나 혼자 있을 수 있는 유일한 시간은 자정 후였다! 그래서 나는 밤마다 새벽 두 시까지 깨어 있었다. 나는 혼자만의 시간을 가짐으로써 나 자신을 잘 대접한다고 생각했지만, 사실은 나를 탈진시키는 사이클에 들어가고 있었던 것이다. 이제야 나는 잠자는 것이 혼자만의 몇 시간을 갖는 것보다 내 몸에 훨씬 더 좋다는 것을 안다.

우리의 생각을 바꾸어 우리 몸이 자게 허락해야 한다. 만일 당신이 과거의 나와 같다면, 이 장이 숙면의 중요성에 대해 당신에게 빛을 비춰주기 바란다. 쉼, 그리고 파워 낮잠이 당신의 건강과 삶의 질을 급격히 높일 수 있다. 첫째로, 수면의 단계와 그것이 우리 몸에 대해 갖는 중요성을 알아보자.

수면 단계

많은 사람들이 잠자리에 들고 나서, 다음 날 아침에 일어나서는 우리가 자는 동안 몸이 성취한 일에 대해 전혀 모른다. 당신의 몸을 하룻밤 푹 쉬게 하면, 수면의 4단계를 거친다. 그것은 건강에 매우 중요하다. 재미로, 당신의 핸드폰에 "수면 사이클 Sleep Cycle"이라는 앱을 다운로드해볼 수 있다. 그것은 당신의 수면을 모니터해서, 어떻게 더 숙면할지 제시해준다.

1단계

이것은 수면의 가장 첫 단계이고, 잠에서 깨기 가장 쉬운 상태다. 1단계에서, 뇌는 세타파[1]라고 하는 느린 뇌파를 내보낸다. 이 단계에서 잠이 깨면, 잠이 들었었는지 잘 모른다. 이것은 마음을 깨끗하고 안온하게 가다듬는 평화로운 상태다.[2]

2단계

이 단계에서는 보통의 깊은 수면이 이뤄지며, 우리는 밤새 이 상태에 주로 머문다. 이 단계에서, 심장과 혈관의 속도가 느려지고 쉼을 갖는다.

3단계

이것은 가장 깊은 수면이고, "서파 수면이라고도 불린다. 뇌파가 느린 고진폭파이기 때문이다."[3] 미국 수면 재단에 따르면, 이 단계에서, 일반적으로 혈압이 떨어지고 호흡 속도가 느려진다. 이때 우리의 근육과 조직이 복구된다. 호르몬, 우선적으로 성장 호르몬이 이 단계

---

1 — Kendra Cherry, "The Four Stages of Sleep 수면의 4단계," About.com, http://psychology.about.com/od/statesofconsciousness/a/SleepStages.htm

2 — Diana L. Walcutt, "Stages of Sleep 수면 단계," PsychCentral.com, January 30, 2013, http://psychcentral.com/lib/stages-of-sleep/0002073.

3 — Laura Schocker, "Your Body Does Incredible Things When You Aren't Awake 당신이 깨어 있지 않을 때, 당신의 몸은 놀라운 일을 한다," *Huffington Post*, March 7, 2014, http://www.huffingtonpost.com/2014/03/07/your-body-does-incredible_n_4914577.html.

에서 나온다. 이 단계에서 가장 깊은 수면을 한다. 그것은 다음 날 푹 쉬었고 에너지가 충전되었다고 느끼게 한다. 밤의 20퍼센트를 3단계로 보내고, 그것은 보통 밤의 전반부에 일어난다.

4단계

4단계를 "렘REM 수면"이라고 한다. 렘은 빠른 안구 운동을 의미하며, 이때 생생하고 상상력을 펼치는 꿈을 꿀 수 있다. 이때 호흡이 다양해지고, 근육군이 마비되어 꿈속의 행동을 하지 못하게 한다. 첫 회 렘은 흔히 상당히 짧고 수면 사이클의 끝에 일어난다. 그러나 각 렘 세션은 깊은 수면(3단계)이 짧아짐에 따라 점차 길어진다. 필립 걸먼 박사는 펜실베이니아 대학교의 정신과 조교수인데 이렇게 설명한다. "우리의 깊은 수면의 대부분은 밤의 전반부에 일어나고 우리의 렘 수면의 대부분은 밤의 후반부에 일어난다."[4] 렘 사이클 동안, 우리의 몸, 특히 우리의 두뇌에 에너지 재충전이 이루어진다.[5] 깊은 수면과 마찬가지로, 밤의 20퍼센트만이 렘 수면에 사용된다.[6]

호르몬과 수면

우리 몸은 자는 동안 재정비된다. 뇌, 신경계와 호흡계, 장기들이 회복된다. 충분한 수면이 주는 다른 유익들도 있다. 수면은 호르몬에 영향을 미친다. 렙틴과 그렐린은 식욕을 관장하는 호르몬이다. 렙틴은 지방세포가 만든 호르몬이며 식욕을 줄인다. 그렐린은 식욕을 증가시킨다. 둘 모두 체중에 관해서 하는 역할이 있으며 두 가지를 관장하는 핵심 요소다.[7] 그것들이 적절히 조절되지 않으면, 당신의 몸은 렙틴을 충분히 생성하지 못하여, 당신은 배고프지 않은데도 배가 고프다고 느낄 것이다. 그렐린의 증가도 공복감을 증가시킬 것이다. 올바로 균형을 이루지 않으면, 원하지 않는 체중 증가나 손실이 일어날 수 있다.[8]

수면은 얼마나?

이제 충분한 수면이 건강을 준다고 당신이 확신하게 되었기를 바란다. 다음 질문은 "얼마나 자야 하는가?"다. 글쎄, 이상적인 수면 시

---

4 — 같은 자료.

5 — "What Happens When You Sleep? 당신이 잠잘 때 무슨 일이 일어나는가?" National Sleep Foundation 미국 수면 재단, http://sleepfoundation.org/how-sleep-works/what-happens-when-you-sleep.

6 — Schocker, "Your Body Does Incredible Things. 당신의 몸은 놀라운 일을 한다"

7 — Elaine Magee, "Your 'Hunger Hormones' 당신의 '공복 호르몬'," WebMD, http://www.webmd.com/diet/features/your-hunger-hormones.

8 — Helen Kollias, "Leptin, Ghrelin, and Weight Loss 렙틴, 그렐린, 감량," Precision Nutrition 정밀 영양학, http://www.precisionnutrition.com/leptin-ghrelin-weight-loss.

간은 일곱 시간 반에서 여덟 시간이며, 거기에 오후 낮잠이 추가되어야 한다. 많은 사람들에게 그렇게 많이 자는 것은 불가능하게 느껴질 것이다. 그래서 당신이 최선을 다하기를 제안한다. 한 어머니는 10년 동안 단 한 번도 밤에 푹 자본 적이 없다고 말했다! 그 얘기를 듣고 내가 젊은 엄마이던 때가 기억났다. 나는 과연 잠을 푹 잘 날이 있을까 생각했었다. 귀여운 아기들이 밤중에 깨어 울면, 나는 깊이 자다 일어나야 했다. 아기들을 돌봐야 했기 때문이다. 때로 억지로 일어나면서 투덜대기도 했다. 그래서 남편이 나에게 마음을 가다듬으라고 일깨워주기도 했다. 나는 항상 자는 것을 좋아했다. 아이들을 오후에 낮잠을 재우면서, 나도 파워 낮잠을 자곤 했다. 그것은 놀라웠다. 단지 20분의 꿀잠이 나를 회복시키고 남은 하루를 활력 있게 살게 해주었다.

수면의 방해꾼들

나는 정말 믿는다. 스스로 자신에게서 잠을 박탈하면, 신체적, 때로는 정서적 실패를 초래할 뿐이다. 나는 많은 책들을 읽고 많은 이야기들을 들었다. 사람들이 삶을 바쳐 봉사하다가 거덜이 나고 말았다. 많은 사람들이 수면의 필요를 과소평가하고, 남들의 필요를 채우는 것이 더 중요하다고 생각했다. 자신을 등한시하다가, 많은 사람들이 탈진했고, 어떤 사람들은 나쁜 선택을 하게 되었다. 한 책이 기억난다. 한 목사님이 인생에서 뭘 다르게 하겠느냐는 질문을 받았다. 그의 대답은 "나는 잠을 충분히 잤어야 해요"였다. 때로 사람들의 도덕적 삶, 사역, 신체적 건강의 실패 원인을 추적해보면, 그것은 오랫동안 잠을 자지 않은 것이다. 그렇지 않다면 경건했을 사람들이 너무 지쳐서 부적절하게 방어벽을 허문다. 정신적 문제로 씨름하는 사람들과 얘기를 나누어보았을 때, 그들의 문제의 뿌리는 거의 항상 수면 부족으로 시작되었다.

다음의 것들이 수면 사이클을 방해하는 것으로 나타났다.

* 스트레스와 걱정
* 고통스러운 심리적 상태
* 카페인: 평균적인 미국인은 하루에 세 잔의 커피를 마신다! 모든 카페인은 스트레스 호르몬인 아드레날린과 코티솔을 증가시키고 그것은 24시간 동안 각성 효과를 줄 수 있다.
* 담배와 술: 담배 속의 니코틴은 각성제다. 많은 사람들이 잠을 자려고 술을 마신다. 그러나 술은 수면 패턴을 망가뜨릴 수 있다. 얕은 잠을 자게 되어, 일어나서도 새로워진 느낌이 들지 않는다.
* 약: 많은 약의 부작용이 불면증이다.
* 음식: 달고 정제된 음식은 두뇌를 자극할 수 있다. 아이스크림 한 컵, 케이크 한 조각, 팝콘 한 봉지를 자기 전에 먹으면 췌장에서

과도한 인슐린 분비가 일어난다. 나는 자기 전에 어떤 종류든 탄수화물을 섭취하면, 새벽 3시까지 자지 못하고, 밤새 홍조에 시달린다.

* 운동: 자기 3시간 전에 운동하면 스트레스 호르몬이 증가해서, 수면을 방해한다.
* 나쁜 이불이나 베개: 좋은 베개는 그 무게의 금만큼이나 가치가 있다. 나는 여러 해 동안 찾아서 마침내 나에게 가장 잘 맞는 베개를 발견했다.
* 배우자의 코골이: 우습게 들릴 수 있지만, 이것은 많은 부부들에게 실제 문제다. 코골이를 줄이는 많은 해법들이 나와 있다.
* 홍조와 생리통: 자다가 몸이 불덩이 같아서 이불을 걷어차야 할 정도라면 기분이 안 좋다. 복통이나 허리 통증이 있으면 역시 누워 있기 힘들다. 이런 증상을 다룰 해법들이 있다. 다음 단락에서 다루겠다.

내가 매일 밤 숙면을 위해 따르는 규칙이 있다. 앞서 말했듯이, 나는 잠자기를 좋아한다! 자는 동안 몸이 스스로 회복된다는 것을 알기 때문에, 나는 그 쉼을 지키는 데 필요하다면 무엇이든 한다! 첫째로, 잠자기 전에 제일 마지막으로 먹는 것은 소량의 단백질이다. 그것은 몸이 푹 자도록 도와주며, 자는 동안 지방을 태우게도 해준다. 그래서 아몬드 버터 한 숟가락이나, 닭고기나, 완두콩이나 무엇이든,

나는 자기 전 마지막으로 소량의 단백질을 꼭 먹는다. 반대로, 빵(글루텐 없는 빵이라도)이나 과일 등 단순 탄수화물은 피한다. 왜냐하면 그것들은 혈당을 높여서, 숙면을 방해할 것이기 때문이다. 그 다음에는 시더우드(삼목유), 라벤더, 일랑일랑 등의 에센셜 오일을 먼저 왼쪽 엄지발가락에 바르고 나서 양발 전체에 바른다. 그렇게 하는 것은 발이 신체 부위 중에서 가장 잘 흡수하기 때문이다. 발은 오일을 빨리 효율적으로 흡수한다. (에센셜 오일에 대해 6장에서 더 살펴보겠다.) 나는 또 마그네슘을 먹는다. 그것은 근육 이완을 도와준다. 때로는 캄(Calm)이라는 제품을 사용하는데, 그것은 마그네슘 함량이 높다. 또한 갑상선호르몬 보충제인 타이로민이라는 제품을 이용한다. 가끔 멜라토닌도 복용한다. 특히 여행 중일 때 말이다. 멜라토닌은 자연 호르몬으로서 우리 몸이 가진 것이며 우리의 수면·기상 사이클을 관장한다. 그런 보충제를 복용하는 것 대신에, 내가 권장하는 것은 이른 아침에 태양광선 차단제를 바르지 않고 햇빛을 받고 앉아 있는 것이다. 그러면 우리 몸이 비타민 D를 흡수하게 되는 한편, 자연적 멜라토닌 지수가 통제된다.

스포츠 과학 연구자인 로버트 포트먼 Robert Portman 박사가 수면의 중요성을 설명한다.

낮 시간에 에너지, 스트레스, 식욕을 통제하는 대사 기제가 가장 효과적으로 작동한다. 만일 우리가 밤이 된 후에 깨어있으면, 이러한 대사 기제의 효율성이 떨어진다. 정상적 대사가 균형을 잃고, 식욕이 돋고, 그래서 더 먹지만, 음식을 에너지로 전환하지 않아서 스트레스 수준이 높은 상태로 있고, 그래서 우리는 살이 찌게 된다.[9]

많은 사람들이 건강한 식단을 따르고 운동을 해도 여분의 살이 빠지지 않는다면, 충분한 수면을 취할 필요가 있다. 수면은 건강의 기반이다. 왜냐하면 수면 없이는, 몸이 건강한 라이프스타일의 열매를 거둘 수 없기 때문이다. 수면은 정신적, 정서적으로도 도움이 된다.

자신을 푹 쉬게 하고 긴 수면을 허락하기를 두려워 말라. 당신이 해야 할 일들은 내일 아침에 일어나도 여전히 거기 있을 것이다. 그럴 때만 당신은 푹 쉬어서 영적, 정신적, 신체적으로 필요한 모든 것을 성취하기에 좋은 상태가 될 것이다.

---

9 — Robert Portman, "Sleep Your Way Thin: 4 Benefits of Better Sleep 수면을 통해 날씬해지기: 양질의 수면의 4가지 유익," Pacific Health, http://www.pacifichealthlabs.com/blog/better-sleep/.

4—3

움직이라

"만일 운동이 약이라면, 발명된 모든 약 중에서 가격 대비 효과가 가장 뛰어난 약일 것이다"라는 말이 있다.

아마 모든 사람들이 소파에 장시간 앉아서 텔레비전을 시청하고 나서 더 뻑적지근하고, 피곤하고, 머리가 멍했던 적이 있을 것이다. 일어나서 움직이면, 한결 낫다. 그것은 우리가 앉아있도록 창조되지 않았다는 것을 증명한다.

나는 항상 활동적인 편이었다. 초등학교 때 많은 여자아이들이 체육 시간을 싫어했지만, 나는 좋아했다. 나는 움직이고 활동하는 것이 좋았다. 나는 또 자연을 좋아해서, 어린 시절에 야외에서 보낸 즐거운 때가 가장 좋은 추억으로 남아 있다. 이웃집 마당에서 야구를 하거나 풋볼을 던지고 받기를 했다. 나는 말괄량이라고 할 수 있었고 동네의 남자아이들과 운동을 하는 것을 주저하지 않았다. 또한 나무 타기를 무척 좋아했는데 나에게 완벽한 오후란, 큰 나무를 찾아서 올라갈 수 있는 데까지 높이 올라가는 것이었다.

많은 사람들이 어릴 때는 자연스럽게 활동적이었다. 우리는 좋아하는 것을 했다. 그러나 안타깝게도, 어른이 되면서 신체적 활동이 줄어들었다. 주원인은 나무 타기를 책상 업무로 대체했기 때문이다. 젊은 부부이던 빌과 나는 야외 활동을 좋아해서 테니스를 치며 활동성을 유지했다. 그러다 라켓볼로 바꾸었다. 빠르고 격렬한 점이 좋았기 때문이다. 우리가 캘리포니아 주, 위버빌에서 목사가 된 후, 나는 동네의 여러 스포츠 리그에 들어갔다. 발리볼, 소프트볼, 심지어 발레까지! 발레는 좋은 운동이지만, 다른 여자들과 나는 대부분의 시간에 서로를 보고 웃느라 바빴다. 우리가 서로 우아하게 팔짝 뛰려고 시도하는 것을 보면서 말이다. 내가 기억하기에 우리의 모습은 발레리나보다 소떼에 가까웠다.

몇 년 후, 우리 부부는 동네 헬스장에 다니기 시작했다. 두 아들도 매일 우리와 함께했고, 그것은 좋은 가족 여가활동이 되었다(딸 리아는 너무 어려서 같이 운동하러 다니지 못했다). 우리는 일주일에 엿새 동안 방과 후에 헬스장에 가서 운동을 했다. 그때 나는 중량운동과 사랑에 빠지게 되었다. 나는 그 운동이 주는 도전을 받아들이기를 즐겼고, 그것은 디톡스 효과도 좋았다. 나는 소위 "빌더 체질"로 큰 근육량을 빨리 키울 수 있었다. 나는 빠른 결과를 경험했고 내가 얼마나 힘이 세졌는지 놀랐다. 이제 20년 후 (그리고 오랜 중단 후) 나는 다시 그것을 즐기고 있다.

당신도 결과를 얻으려면 꼭 헬스장에 가야 하는가? 전혀 아니다. 그저 당신이 움직이기를 권한다! 헬스장에 가든, 자전거를 타든, 스포츠를 하든, 거실에서 운동을 하든, 운동하느라 따르는 희생은 그 유익성에 비하면 극미하다! 후회하지 않을 것이라고 내가 보장한다.

운동으로 방출되는 다량의 엔돌핀이 주는 행복감 외에도, 활동적인 라이프스타일에 따르는 많은 유익이 있다. 미국 보건복지부의 연구에 따르면 운동의 유익들로는 다음과 같은 것들이 있다.

* 무병장수의 가능성 증가
* 심장병, 뇌졸중, 고혈압 예방
* 대장암, 유방암, 폐암, 자궁암 등 특정 암 예방
* 제2형 당뇨 및 대사 증후군 예방
* 골다공증 예방
* 노인의 낙상 위험 감소와 인지 기능 개선
* 비만 예방, 감량 촉진, 감량 후 요요현상 방지
* 심장, 폐, 근육 기능 개선
* 수면 개선

운동은 신체에 유익할 뿐 아니라, 정신에도 유익하다. 신체 활동은 우울증과 정신적으로 멍한 상태를 퇴치한다는 것이 증명되었다. 운동은 신체 이미지와 자존감을 높이고, 스트레스를 완화한다.[1] 마약 중독이나 알코올 중독을 겪었던 많은 사람들이 운동으로 계속 자유를 유지할 수 있었다. 밴더빌트 대학교 연구자들의 흥미로운 연구에서 대마초 상습 사용자 12명에게 2주 동안 30분씩 10번 러닝머신에서 달리라고 하자, 마약에 대한 욕구와 마약의 실제 사용이 50퍼센트 감소했다. 신체적 활동 외에 다른 아무런 라이프스타일의 변화도 요구하지 않았는데 말이다.[2] 당신이 마약이나 알코올 중독자이든 아니든, 이 연구는 운동의 치유력과 운동이 정신에 미치는 놀라운 영향을 보여준다. 그것을 읽는 것만으로도 나는 어서 밖에 나가서 움직이고 싶어진다!

나는 매일의 삶 속에서 운동에 얼마나 큰 가치와 중요성을 부여하는지 모른다. 이 책에서 앞서 나누었듯이, 한때 나는 여러 해 동안 운동을 통한 몸 관리를 소홀히 했다. 나는 운동해야 한다는 것을 알았지만, 그 순간 더 중요해 보이는 것들로 핑곗거리를 찾아냈다. 그러나 핑계에는 대가가 따른다. 결국 나는 비만, 피로, 고혈압을 맞이했다. 그러나 다시 운동을 시작하고 나자 얼마나 빨리 컨디션이 좋아졌는지 놀랍다. 나 자신의 정신적, 신체적 개선을 보면서 활동적인 라이프스타일을 갖는 것이 중요하다는 것을 다시금 깨달았다.

---

1 — "Psychological Benefits of Exercise 운동의 심리적 유익," Association for Applied Sport Psychology 응용 스포츠 심리 협회, http://www.appliedsportpsych.org/resource-center/health-fitness-resources/psychological-benefits-of-exercise/.

2 — James Fell, "Exercise: Alternative Reward for Those Battling Addiction 운동: 중독과 싸우는 대안," *Chicago Tribune*, June 12, 2013, http://articles.chicagotribune.com/2013-06-12/health/sc-health-0612-fitness-fight-addiction-with-exerci-20130612_1_todd-crandell-drug-addiction-reward.

근육의 중요성

근육량이 왜 그렇게 중요한가? 우선, 근육은 지방을 태운다. 그러므로 살을 빼려고 한다면, 근육을 키우는 것이 엄청난 도움이 될 것이다. 근육이 지방보다 무게가 나간다는 것을 기억하라. 그러므로 저울에서는 당신이 전혀 살이 빠지지 않은 것으로 나오더라도, 치수는 줄어들 것이다. 대부분이 5파운드의 근육을 5파운드의 지방과 비교하는 사진을 보았을 것이다. 무게가 같더라도, 근육이 공간을 덜 차지하고 더 단단하다. 근육은 지방을 태우기에 유익할 뿐 아니라, 노화 과정에서도 친구다. 40세부터 근육이 줄어들기 시작한다. 나이가 들수록 근육을 잃는다. 이 책을 쓰는 지금 나는 60세다. 그래서 근육을 키우는 것이 최고 우선순위다.

근육과 뼈

중량운동은 튼튼한 골격 형성을 돕는다. 뼈는 사실 운동으로 더 튼튼해지는 살아있는 조직으로 되어 있다. 정기적인 꾸준한 근력 훈련은 뼈의 건강과 힘을 개선하는 열쇠가 되어 골밀도를 증가시키거나 (연령에 따라) 유지시킨다. 중량운동은 골다공증 및 관련 골절의 위험성을 줄이는 것으로 나타났다.[3] 특히 여성이 근육을 키워서 폐경기와 골밀도 건강을 잘 관리하는 것이 중요하다. 오래 전에, 나는 딸에게 근육을 키우라고 조언했다. 왜냐하면 그것은 건강을 위해 할 수 있는 가장 똑똑한 일이기 때문이다. 감사하게도, 딸은 내 말을 듣고 실행하여 근육 운동을 하는 데서 그치지 않고, 대회에까지 나가게 되었다. 딸은 아직 어리지만, 내 나이가 되면 또래보다 골밀도나 근육량 감소에 대해 걱정하지 않아도 될 것이다.

운동의 종류

우리는 어떤 종류의 운동을 고려해보아야 하고, 왜 그런가?

카디오 (심장강화)

심혈관계(심장강화) 운동을 하는 것은 당신의 운동 일과의 중요한 부분이 되어야 한다. 그것은 많은 유익이 있고, 그 유익은 심장 건강과 체중 감소 등을 포함한다. 카디오는 심장 박동을 쉴 때보다 빨라지게

---

3 — "Top 10 Reasons to Strength Train 힘을 기르는 운동을 해야 하는 10가지 이유," Workouts Unlimited, www.workoutsunlimited.com/10-reasons-to-strength-train.html.

4 — "Target Heart Rates 목표 심장 박동수," American Heart Association, June 8, 2015, 미국 심장 협회, 2015년 6월 8일 http://www.heart.org/HEARTORG/GettingHealthy/PhysicalActivity/FitnessBasics/Target-Heart-Rates_UCM_434341_Article.jsp.

하는 모든 운동을 포함한다. 당신의 운동 심장 박동수를 알려면 먼저 쉴 때의 심장 박동수를 알아야 한다. 당신의 심장 박동수를 재는 가장 좋은 때는 아침에 일어나자마자. 그것은 분당 60-80회가 되어야 한다. 운동할 때의 심장 박동수를 재려면, 손목 안쪽, 엄지손가락 근처에서 재어야 한다. (엄지 다음의) 두 손가락 끝으로 다른 손의 엄지손가락으로 가는 혈관을 가볍게 누르라. 10초 동안 맥박을 재고 나서 6을 곱하여 분당 박동수를 구하라. 운동할 때의 목표 심장 박동수는 최대 심장 박동수의 50-85퍼센트이어야 한다. (당신의 최대 심장 박동수는 220에서 연령 수를 빼면 된다.)[4]

많은 사람들이 카디오라고 하면 흔히 러닝머신이나 일립티컬 머신(러닝머신과 비슷하지만, 손까지 사용한다-역주)과 연관시키지만, 좋아하는 스포츠를 하거나, 춤을 추거나, 역기 운동으로도 좋은 카디오 운동이 될 수 있다.

인터벌 트레이닝

사람들이 어떤 종류의 카디오 운동을 좋아하느냐고 물으면, 나는 항상 "중량운동(lifting weights)"이라고 대답한다. 내가 좋아하는 것은 인터벌 웨이트 트레이닝이라고 한다. 이것은 강도 높은 운동으로서 격렬한 중량운동에 초점을 맞추어서 심장 박동수를 높이는 것이다. 그 다음에 잠시 쉬어서 심장 박동수를 낮춘다. 50분 동안 이렇게 하면, 근육과 심장 모두에 좋다. 내가 이 방법을 선호하는 이유는 다른 형태의 카디오 운동은 심장에 좋지만, 운동을 마치자마자 몸이 칼로리를 태우기를 멈추기 때문이다. 그런데 인터벌 트레이닝으로 카디오 운동에 중량운동을 더하면, 근육 형성을 돕고, 그 근육이 나머지 하루 종일 칼로리와 지방을 태우기 때문이다. 솔직히 말하자면, 나는 러닝머신이나 일립티컬 머신을 하면 쉽게 지루해진다. 그러나 인터벌 트레이닝은 내 생각과 몸을 동시에 집중시킨다.

나는 일반적으로 운동을 나누어한다. 즉 나는 매일 몸의 어느 부위에 초점을 맞춘다. 나는 한 주 동안 계획을 짜서 한다. 예를 들어, 하루는 가슴과 이두근에 초점을 맞추는 중량운동을 한다. 다음에는 등과 다리에 초점을 맞추고, 며칠 후에는 어깨와 삼두근 운동을 한다. 나는 또 복부 운동도 한 주에 두 번 해서 나의 신체 중심부위를 단단하게 한다. 어떤 운동이 몸의 어떤 부위에 작용하는지에 대한 다양한 정보가 온라인에 있다. 당신도 인터벌 트레이닝을 해보기를 바란다. 운동은 정신적으로 밀어붙여 해야 하는 때도 있지만, 전반적으로 운동은 즐거워야 한다.

크로스핏

지난 몇 년 사이에 크로스핏 붐이 일었다. 크로스핏은 전신 운동이 되도록 카디오, 중량운동, 체조, 신체 중심부 트레이닝의 요소들을 결합한 것이다.[5] 크로스핏 초보자는 코치에게 각 운동을 어떻게 해야 하는지 묻기를 주저하지 말라. 대부분의 코치들은 기꺼이 어떤 질문에든 대답해줄 것이다. 그러면 부상을 예방할 수 있다.

수영

어릴 때는 어서 여름이 되어 수영장에서 물장구를 치며 몇 시간이고 보내기를 고대했다! 그 당시 우리는 그것이 좋은 운동임을 몰랐다. 어른이 된 우리들 중의 많은 사람들은 이제 수영장에서 수영을 하지 않고 수영장 가에 누워 책을 보거나 아이스티를 마신다. 아이들에게서 배우자! 수영은 심장 강화, 근육 강화에 좋은 운동이다. 체중이 217킬로그램에 달했던 한 여성은 살을 빼고자 필사적으로 애썼다. 그녀는 어떤 신체적 활동은 몸에 무리가 될 것이며, 특히 관절에 좋지 않을 것이라는 것을 알았다. 그러나 그녀는 좌절하지 않고, 수영을 시작했다. 왜냐하면 그것은 좋은 운동을 하면서도 관절의 무리를 줄일 수 있기 때문이다. 나는 그녀의 의지력에 깊은 인상을 받았다. 몸을 목까지 물에 담그면, 체중의 10퍼센트만 자신이 감당하면 된다. 물이 나머지 90퍼센트를 감당하기 때문이다. 만일 당신이 관절염이 있다면, 이것이 좋은 운동 방법이 될 것이다.[6]

---

5 — Jennifer Wolfe, "What Is CrossFit? 크로스핏이란 무엇인가?" How Stuff Works, http://health.howstuffworks.com/wellness/diet-fitness/exercise/what-is-crossfit.htm.

6 — Michael Franco, "10 Health Benefits of Swimming 수영의 10가지 건강 유익," How Stuff Works, http://health.howstuffworks.com/wellness/aging/retirement/10-health-benefits-of-swimming.htm#page=1.

스트레칭

내가 운동 전에 신경 써서 하는 한 가지는 스트레칭이다. 운동 전후로 스트레칭을 해야 하는지에 대해 의견이 분분하다. 그러나 나의 경험으로는 스트레칭을 먼저 하면 운동을 더 잘한다. 전이든 후든, 스트레칭을 하라! 그것은 몸에 극히 중요하다. 왜냐하면 근육에 피를 흐르게 해서, 몸이 더 잘 움직이게 하기 때문이다. 나는 고관절 근육이 많이 긴장되어 있어서, 그 부위를 꾸준히 스트레칭을 해서 고통을 줄이고 부상을 예방한다. 많은 사람들이 스트레칭을 좋아하지 않는다. 스트레칭을 하면서 자신의 몸이 뻣뻣하다고 느끼면, 속상하기 때문이다. 중요한 것은 천천히 시작하는 것이다. 시간이 지나며 몸이 유연해진다. 근육을 너무 많이 스트레칭하지 말라. 그러면 부상으로 이어질 수 있다.

필라테스와 요가

요가에 대해 논란이 분분하다. 특히 교회에서 그렇다. 요가가 동양 종교에 뿌리를 두고 있기 때문이다. 오랫동안, 나는 요가를 절대로 하지 않았다. 요가의 배경을 잘 몰랐고 멀리하는 게 낫다고 느꼈기 때문이다. 그러나 최근에 나는 브루크 분Brooke Boon이 설립한 거룩한 요가라는 것을 알게 되었다. 그녀는 크리스천이며 하나님의 말씀에 초점을 맞추면 요가가 유익하다고 믿는다. 그녀의 웹사이트 www.holyyoga.net에서 더 많은 정보를 얻을 수 있다. 요가에서 동양 종교의 측면을 제거함으로써, 스트레칭과 근육 강화에 좋은 자세 잡기와 신체 중심부 중심잡기를 할 수 있다. 만일 당신이 요가를 할지 고려해보려고 한다면 나의 조언은, 성령께서 당신에게 무엇이라고 말씀하시는지에 초점을 맞추고 그 인도를 따르라는 것이다.

필라테스도 좋은 운동이다. 신체 중심부에 초점을 맞추어 훈련하면서 다른 신체 부위들도 단련하기 때문이다. 많은 헬스장에서 필라테스 반을 개설하고, 유튜브에도 좋은 필라테스 수업 동영상들이 있다.

이상이 당신의 피트니스 여정을 돕기 위한 몇 가지 아이디어들이다. 목표는 당신이 즐길 수 있는 것을 발견하여 운동이 지겹지 않게 하는 것이다. 헬스장에서 한 시간 동안 역기를 드는 것이든, 자전거를 타는 것이든, 유튜브에서 필라테스 비디오를 따라 하는 것이든, 그것을 하라!

깨끗한 음식 먹기

나는 좋은 음식을 사랑한다. 나는 먹는 것을 좋아한다. 나는 자칭 미식가다! 감사하게도, 남편도 음식을 좋아하기에, 우리는 자주 새 음식점을 찾아가서 맛있을 뿐 아니라 몸에도 좋은 음식을 먹는다.

사람들은 흔히 내가 음식에 대해 얼마나 열정적인지 듣고 놀란다. 특히 내가 많이 먹는다고 하면 말이다. 사실, 그동안, 내가 키와 나이에 맞는 건강한 체중을 유지한 비결은 신선한 음식을 많이 먹는 것이다. 나 자신의 경험이나, 수많은 친구들이 겪는 어려움을 보면서, 나는 믿게 되었다. 다이어트 산업 시스템의 문제 중 하나는 저 칼로리를 먹어야 한다고 늘 지나치게 강조하는 것이다. 나는 그것을 "굶주림 미화 다이어트"라고 한다. 많은 사람들이 증언하는 바와 같이, 슬픈 현실은 대부분의 다이어트들이 효과가 없다는 것이다! 저 칼로리를 강조하는 것 외에 문제가 또 있다. 저 칼로리에 대해서는 나중에 더 자세히 다루겠다. 나는 우리의 생각이 큰 원인이라고 믿는다. 사람들이 주로 생각하는 것은 목표 체중에 도달하고 나면 전에 먹던 대로 돌아가겠다는 것이다. 그래서 그들은 "금지된" 모든 음식에 집착하다가 마침내 그 압력에서 풀려나는 순간 금지되었던 음식들을 먹기 시작한다. 어떤 사람들에게는 이것이 폭식의 형태로 나타나서 며칠, 몇 주, 심지어 몇 달까지 갈 수 있다. 그래서 그들이 모르는 새에, 잃었던 모든 체중을 다시 얻기 시작하고, 슬프게도, 때로는 전보다 더 살이 찐다. 이것은 어둡고 우울한 패배감으로 이어지고, 또 실패했다는 수치감마저 줄 수 있다. 그러나 그것은 우리를 향하신 하나님의 마음이 아니다.

유행 다이어트의 더 큰 문제는 체중 문제를 간접적으로 악화시킬 수 있다는 것이다. 빠른 체중 감소가 매력적일 수 있지만, 사실은 근육 손실이 일어날 수 있다. 이것은 건강에 심각한 타격이다. 왜냐하면 우리가 운동에 대한 장에서 살펴보았듯이, 근육이 지방을 태우기 때문이다. 근육 손실은 다른 신체적 문제들을 야기할 뿐 아니라, 체중 감소를 훨씬 더 어렵게 한다.

다이어트가 효과적이지 않은 또 다른 이유는 만성적인 요요 현상을 일으켜서 체중을 늘렸다 뺐다 하기 때문이다. 우리의 몸은 만성적 굶주림에 잘 반응하지 않는다. 만성적 굶주림 후에 잘 먹는 것이 반복된다면 말이다. 항상 억지로 덜 먹거나 원하는 음식을 억지로 금하면, 몸은 음식이 부족하다고 생각하게 된다. 그래서 몸은 칼로리 저장 모드로 돌입해야 한다고 믿게 된다. 기근으로 식량이 부족한 것처럼 말이다.

내가 "다이어트"라고 말할 때 그 의미는 음식의 양이나 질을 강제로 통제하여 굶주리는 방법을 말한다. 《게이브리얼 방법 The Gabriel Method》의 저자인, 존 게이브리얼 Jon Gabriel은 그런 방법은 몸이 여분의 지방을 비축해두어야 한다고 생각하게 하여 지방 프로그램을 작동시킨다고 말한다.

> 지방 프로그램은 몸에게 지방을 보유하라는 신호를 준다. 식품 첨가제, 정신적 및 정서적 위협, 약, 방사선, 영양결핍, 정서적 비만(학대의 경우처럼), 부족에 대한 두려움, 정신적 굶주림, 역기능적 믿음들, 만성적 요요 다이어트 등은 모두 지방 프로그램들이다.[1]

나는 사람들이 이런 요인들을 인식하고, 다이어트를 중단하고, 건강한 유기농의 살아있는 식품으로 몸에 영양분을 공급하기를 바란다.

한번은 두 여성이 내게 와서 어떻게 살을 뺄지 조언을 구했다. 내가 그들에게 처음 한 질문은 "얼마나 많이 먹고 계세요?"였다. 그들은 거의 아무것도 먹지 않는다고 말했다. 그러면서 그들은 왜 살이 빠지지 않는지 의문이었다. 나는 바로 그것이 그들의 문제라는 것을 즉시 알았다. 우리의 몸은 지방을 태우기 위해 음식이 필요하다. 나는 그들에게 숙제를 내주었다. 200-250칼로리의 식사를 두 시간마다 한

---

1 — Gabriel, *The Gabriel Method* 게이브리얼 방법, 12.

번씩 하면서, 건강하고 깨끗한 단백질, 지방, 탄수화물로 메뉴를 구성하라고 했다. 2주 후에 두 여성 모두가 살이 얼마나 빠졌는지 놀라서 왔다. 흥미롭지 않은가. 그들이 굶주릴 때는 살이 쪘는데, 두 시간마다 먹을 때 살이 빠졌다! 굶으면, 두뇌가 몸에게 모든 지방을 저장하라고 한다. 식단으로 충분하지 않다는 것을 알기 때문이다. 그러나 좋고, 건강하고, 깨끗한 음식을 먹기 시작하면, 몸이 반응하여 당신을 위해 일하기 시작한다.

무엇을 먹을 것인가?

먼저 "깨끗한 먹기"가 뭔지 정의하자. 깨끗한 먹기는 순수하고 자연 형태에 가까운 음식을 섭취하는 것이다. 이것은 여러 가지 음식을 포함하는데, 가령 과일, 채소, 건강한 단백질, 좋은 지방 등이다. 깨끗한 먹기는 가공식품인 정제된 설탕, 소금, 밀가루를 식단에서 빼야 한다. 또한 많은 미국인들이 소비하는 유전자 변형 식품, GMO를 포함한다. 나는 왠지 그것을 듣기만 해도, 내 몸에 넣기가 꺼려진다! 무엇이든 GMO로 분류되는 것은 유전자가 달라졌다는 것을 의미한다. 그것은 또한 호르몬, 살충제, 항생제, 화학물질 범벅일 수 있다. 이 주제를 이 장에서 나중에 더 다루겠지만, 옛 말이 맞다. "읽거나 발음하기 어려운 성분이 들어있는 것이라면, 먹지 말라!" 그런 것들은 분명히 깨끗한 먹기에 해당되지 않는다.

　깨끗한 먹기의 기초로서, 건강에 좋지 않은 성분들과 가공식품을 최대한 피하라는 것을 살펴보았다. 이제 이러한 선택들 배후의 과학에 대해 말하고 싶다. 먼저 다량영양소 macronutrient다. 다량영양소는 우리 몸에 필요한 칼로리와 에너지를 제공해준다.[2] 그것은 세 가지 항목인 지방, 단백질, 탄수화물로 나누어진다. 이 세 가지 모두를 섭취하는 것이 중요하다. 그 각각이 몸을 건강하게 유지하는 데 중요한 역할을 하기 때문이다.

　1인당 각 항목이 얼마나 필요한가? 일단은, 사람마다 다르다고 말할 수 있다. 첫째로, 당신이 섭취할 이상적인 칼로리를 계산해야 한다. 먼저, 당신의 몸무게를 적으라. 그 다음에, 다음 항목들 중에서 당신의 라이프스타일을 찾으라. 예를 들어, 만일 당신이 130파운드(59킬로그램)고, 사무실에 앉아서 일하는 직업이고, 운동을 하지 않는다면, 당신의 라이프스타일은 11번에 해당할 것이다. 130에 11을 곱하면 1,430이다. 이 수치가 당신이 매일 섭취할 칼로리다.

　다음 항목들 중에서 당신이 체중에 얼마를 곱해야 하는지 찾으라.

---

2 — "Macronutrients: The Importance of Carbohydrate, Protein, and Fat 다량영양소: 탄수화물, 단백질, 지방의 중요성," McKinley Health Center, http://www.mckinley.illinois.edu/handouts/macronutrients.htm.

* 11을 곱하는 경우는, 주로 앉아서 일하며 신체적 활동이 별로 없는 경우다.
* 12를 곱하는 경우는, 비교적 활동적인 일을 하거나(집배원, 데스크에서 일하는 접수원, 청소부 등), 앉아서 일하지만 일주일에 두세 번 운동하는 경우다.
* 13을 곱하는 경우는, 활동적인 일을 하고 일주일에 두세 번 운동을 하거나, 앉아서 일하고 일주일에 4-6회 강도 높은 운동을 하는 경우다.
* 14를 곱하는 경우는, 활동적인 일을 하면서 일주일에 4-6회 강도 높은 운동을 하거나, 운동선수여서 매일 혹은 하루에도 여러 번 운동을 하는 경우다.

당신의 이상적인 칼로리 섭취량을 알고 난 다음에는 다량영양소인 단백질, 지방, 탄수화물에서 칼로리를 각각 얼마씩 섭취해야 하는지 알아보아야 한다.

단백질

단백질은 식단의 기반이 되어야 하며, 얼마나 필요한지 알아내는 것은 매우 간단하다. 단백질 권장량은 체중 1파운드마다 1그램이다.

그러므로 당신이 130파운드(59킬로그램)라면, 매일 130그램의 단백질을 먹어야 한다. 운동선수나 근육질이거나 비만인 사람에게는 이것이 어렵게 느껴질 수 있다. 매일 그렇게 먹는 것이 어려울 수 있다. 만일 당신이 그렇다면, 당신이 단백질을 얼마나 먹는지 보고서 그것을 증가시켜보라. 단백질은 우리의 몸을 구성하는 주요 요소 중 하나다. 근육부터 시작해서 호르몬, 효소, 항체 등의 모든 것이 단백질로 만들어진다. 또한 단백질은 혈전을 예방하고, 체액 평형을 이루고, 필수 요소들이 몸 전체에 잘 전달되게 한다. 또한 탄수화물과 지방 섭취가 낮을 때 에너지원으로도 사용된다.[3]

식단으로 단백질을 선택할 때, 고급 유기농을 고수하라. 가령 붉은 살코기, 가금류, 어류, 코티지치즈, 우유, 자연 너트 버터, 완두콩, 브로콜리, 유기농 옥수수, 병아리콩, 시금치, 케일 등이다. 단백질 섭취를 보충하는 좋은 단백질 파우더도 많다. 나는 완두콩, 대마, 크랜베리로 만든 식물성 단백질 파우더를 이용한다.

---

[3] — Sue Roberts, "What Are the Biggest Reasons Your Body Needs Protein? 당신의 몸에 단백질이 필요한 가장 큰 이유는 무엇인가?" SFGate, http://healthyeating.sfgate.com/biggest-reasons-body-needs-protein-5504.html.

지방

당신이 지방에 대해 듣거나 읽은 것과 달리, 지방이라고 다 같지 않다. 많은 사람들이 "좋은 지방"이라고 부르는 것은 건강에 좋다. 1990년대에, 저지방 다이어트가 붐을 이루어 사람들은 지방이 적거나 전혀 없는 상품을 찾았다. 안타깝게도, 그러자 식품 제조업체들은 지방을 줄인 대신, 설탕으로 대체했다. 그것은 우리가 다 알다시피, 건강에 문제를 야기할 수 있다. 사실, 좋고 건강한 지방을 적당량 먹으면 체중 감소를 도울 뿐 아니라 신진대사를 개선한다. 좋은 지방은 두뇌에 필수적이다. 이유는 이렇다.

두뇌 물질의 약 60퍼센트는 지방으로 이뤄져 있고, 그것이 신체의 모든 세포막을 만든다. 뇌의 좋은 지방이 몸의 모든 세포막을 만든다! 그러므로 만일 당신의 식단이 나쁜 지방으로 채워져 있으면, 당신의 뇌는 저질의 신경 세포막만을 만들 수 있고, 그것은 잘 기능하지 않는다. 그러나 만일 당신의 식단이 필수적인 좋은 지방을 제공하면, 뇌 세포는 고급 신경 세포막을 만들어서, 신경 세포에 좋은 영향을 미쳐서 최대치로 기능하게 한다.

따라서 몸과 두뇌에 필요한 필수 지방산을 제공하는 식품을 선택하는 것이 중요하다. 애석하게도, 좋은 지방 역시 농축 에너지원이어서, 탄수화물이나 단백질보다 두 배 이상의 칼로리를 제공한다. 그러므로 건강

한 지방을 선택하고 적절한 양을 먹는 것이 중요하다.[4]

　1파운드의 체중마다 0.3-0.6그램의 지방이 필요하다. 어느 정도로 할 것인지는 개인의 취향대로 할 수 있다. 최소한 0.3을 먹고 0.6을 초과하지 않는 한, 괜찮다. 이상적인 섭취량을 정하기 위해, 당신이 좋아하는 음식의 유형을 생각해보라. 만일 당신이 지방이 많은 식품인 치즈, 베이컨, 너트, 기름진 디저트를 좋아한다면, 체중 1파운드당 0.5-0.6그램을 목표로 하라. 그렇지 않고 당신이 "탄수화물을 좋아해서 빵, 파스타, 칩, 프레첼을 좋아한다면, 체중 1파운드당 0.3-0.4그램을 목표로 하라. 이렇게 함으로써 좋아하는 음식을 더 자주 즐기면서도 식단을 지킬 수 있을 것이다. 탄수화물과 지방 섭취에 있어서 한쪽이 많으면 다른 쪽이 적게 하라. 즉 지방 섭취를 줄이면 탄수화물을 더 많이 섭취할 수 있다. 그 반대도 된다. 유일한 예외는 운동선수가 성과에 초점을 맞추고 있어서 운동 후 빠른 회복이 필요할 때다. 그럴 때는 지방 섭취에 상관없이, 탄수화물 섭취를 중간이나 높은 수준으로 할 수 있다. 만일 당신이 운동을 거의 하지 않거나 가볍게만 한다면, 탄수화물 섭취를 줄여야 하고, 그러면 지방 섭취를 더 높일 수 있다.

　다른 식품군과 마찬가지로, 좋고 깨끗한 지방을 먹어서 몸이 그것을 잘 활용하게 하라. 좋은 지방들은 몸이 건강한 라이프스타일을 갖게 도와준다. 그런 식품으로는 야생 연어, 대구, 너트, 씨앗, 아보카도

(이 "완전" 식품은 지방, 탄수화물, 단백질을 모두 포함한다)가 있고, 기름으로는 아마씨유, 올리브유, 생선유, 코코넛유가 좋은 지방이다. 전에는 코코넛유를 피하라고 했지만, 이제 새로운 연구로 코코넛유가 건강에 좋고 소량은 오히려 체중 감소를 돕는다는 것이 드러났다.[5]

탄수화물

탄수화물은 오늘날의 다이어트 산업에서 오명을 뒤집어썼고, 그래서 많은 벼락치기 다이어트에서는 탄수화물을 완전히 제거하여 살을 빨리 빼려고 한다. 종종 사람들은 할 수 있는 한 탄수화물을 먹지 않다가 폭식을 하고 만다. 왜냐하면 탄수화물이 우리 몸에 에너지를 공급하는데, 탄수화물의 결핍은 설탕과 다른 정크푸드에 대한 입맛을 돋우기 때문이다. 왜냐하면 당신의 몸이 연료에 대한 욕구를 충족시키고 싶어 하기 때문이다. 매일 다량영양소 섭취의 목표가 어떠해

---

4 — Susan Reynolds, "The Skinny on Brain Fats 살을 빼려고 두뇌에 필요한 지방을 잃는 위험성," *Prime Your Gray Cells blog*, 2011년 9월 22일 포스팅, Psychology Today, https://www.psychologytoday.com/blog/prime-your-gray-cells/201109/the-skinny-brain-fats.

5 — Joyce Hendley, "Q. Can Coconut Oil Help You Lose Weight? 질문: 코코넛 오일이 감량을 돕는가?" EatingWell, 2009 1/2월 호, http://www.eatingwell.com/nutrition_health/nutrition_news_information/can_coconut_oil_help_you_lose_weight%20.

야 하는지 발견하기 위한 좋은 도구가 있다. www.iifym.com으로 가서 다량영양소 계산기를 사용하라.

복합탄수화물을 고수해야 한다. 그것은 흔히 채소, 통밀빵, 통밀 시리얼에 있다. 식품으로는 가령 시금치, 얌, 브로콜리, 콩, 현미, 퀴노아, 주키니 호박, 렌틸콩, 무지방우유, 통곡물이 있다. 그리고 다른 많은 콩과 식물들과 채소들이 건강한 탄수화물의 좋은 원천이다. 빵에 있어서는, 에스겔 빵 혹은 만나 빵 등의 브랜드나 새싹 곡물을 사용한 다른 좋은 식품사들을 추천한다. 또한 많은 페일리오(구석기) 빵도 시중에 나와 있다. 더 좋은 것은 당신이 직접 집에서 자신과 가족을 위해 만드는 것이다.

유기농 대 일반 식품

우리들 중 많은 사람들은 유기농 식품을 먹는 것이 항상 더 낫다는 것을 안다. 그 이유는 일반 과일이나 야채(보통 슈퍼마켓에서 파는 브랜드 없는 표준 농산물)는 해로운 화학물질과 첨가제로 범벅되어 보존되기 때문이다. 오늘날 식품은 이러한 인공적 첨가물뿐만 아니라 성장 호르몬과 항생제로 가득하다. 슬프게도, 그러한 항목들이 더 이어진다. 나는 식품이 실제로 어떻게 생산되는지 생각하노라면(거기에 무엇이 살포되었는가는 고사하고) 가능한 한 유기농을 사게 된다. 일반 과일과 야채는 우리 몸에 필요한 미네랄이 고갈된 토양에서 자란다. 모두 〈Food Inc.〉라는 다큐멘터리를 시청해보기 바란다. 그것은 큰 식품업체들이 음식에 무엇을 하는지 보여준다.[6] 그것은 경각심을 주는 좋은 다큐멘터리다. 기본 식품이 얼마나 건강에 해로워졌는지 보여주기 때문이다.

한번은 내가 동네 식품점에서 유기농 사과를 사려고 했는데, 다 팔리고 없었다. 나는 농산물 담당자에게 언제 물건이 다시 들어오느냐고 물었다. 그는 일반 사과를 사라고 나를 설득하려고 했다. 일반 사과나 유기농 사과나 다 똑같다고 하면서 말이다. 나는 정중히 미소 짓고 자리를 떴다. 나는 유기농 농사와 일반 농사의 차이를 너무 잘 알기에(맛은 둘째치고!) 그의 조언을 따르지 않았다. 만일 당신이 일반 사과와 유기농 사과를 비교해보았다면, 일반 사과는 맛이 밍밍하다는 것을 알 것이다. 시간이 흐르는 동안 미네랄과 영양분이 결핍되어 간 토양에서 자라서 맛이 나지 않는 것이다. 비옥한 유기농 토양에서 재배한 농산물은 맛도 좋을 뿐 아니라 건강한 몸에 필요한 양분을 함유한다.

사람들은 내게 자주 묻는다. "비싼 유기농산물을 어떻게 사먹어

---

6 — "The Truth About Your Food with Food, Inc. Filmmaker Rober Kenner 영화 제작자 로버 케너의 당신의 음식에 대한 진실," 2012년 7월 17일 유튜브, https://www.youtube.com/watch?v=2Oq24hITFTY. http://www.monsanto.com/food-inc/pages/default.aspx.

요?" 내 대답은 지금 유기농 식품을 사는 데 돈을 쓰거나, 나중에 의사에게 돈을 쓰거나 하라는 것이다. 건강이 나쁘면 나중에 값을 치러야 한다. 우리는 요즘 전보다 유기농 식품에 대한 선택권이 많아졌다. 직거래가 더 일반화되었고, "직접 가서" 지역에서 재배한 농산물을 살 수 있다. 그것은 화학물질 대신에 생명이 가득하다. 내가 아는 많은 사람들이 직접 과일과 야채를 길러 먹거나 동네 텃밭에 가입했다. 그것은 장기적으로 보면 돈을 절약해준다. 우리 동네에서는 몇 가정이 쇠고기 한 짝을 같이 산다(100퍼센트 풀만 먹은 소로). 그러면 단가가 내려간다. 인터넷도 경제적 구매의 통로가 된다. 좋은 유기농 식품사로부터 할인가나 대용량으로 주문할 수 있기 때문이다. 그러면서도 편하게 집에서 이용할 수 있다.

만일 예산이 간당간당해서 정말 몇 가지만 유기농으로 살 수 있다면, 나는 항상 우유와 달걀로 시작하라고 권한다. 일반 소와 닭은 평생 화학물질과 호르몬이 투여된다. 그래서 안타깝게도, 우유와 달걀에도 그런 첨가제가 가득하다. 유기농 우유와 달걀로 바꾸는 간단한 변화만으로도 당신의 건강에 막대한 유익을 줄 수 있다. 특히 성장기 자녀들에게 그렇다(그들이야말로 호르몬 없는 유제품의 혜택을 가장 많이 볼 것이다).

살충제가 평균 이상으로 축적되는 농산물은 다음과 같다. 유기농으로 살지, 일반 제품으로 살지 결정할 때, 다음을 먼저 유기농으로 골라라. 그것은 사과, 체리, 파프리카, 복숭아, 천도복숭아, 감자, 라즈베리, 딸기, 시금치, 셀러리, 포도, 배다. 살충제 축적이 적은 농산물은 바나나, 양파, 가지, 브로콜리, 수박, 양배추, 아보카도, 토마토, 망고, 파파야, 완두콩, 파인애플, 옥수수, 키위, 아스파라거스다.[7] 그러나 유념할 것은 이 농산물들도 살충제 성분을 함유하므로, 되도록 유기농을 사고 "USDA 인증 유기농" 라벨을 확인하라는 것이다.

GMO 식품

앞 단락이 유기농을 사야 할 이유로 충분하지 않기라도 한 듯, 나는 다른 이유를 더 제시하고자 한다. GMO라는 세 글자가 큰 문제를 불러온다. GMO가 무엇을 의미하는가? 앞서 말한 대로 "유전자 변형 농산물"을 의미한다. 그것은 생명공학(유전자 공학, 혹은 GE라고도 한다)의 유전자 접합 기술로 창조된 식물이나 동물이다. 이 실험적 기술은 다른 종들의 DNA를 융합해, 식물, 동물, 박테리아, 바이러스 등의 유전자의 불안정한 조합을 만들어낸다. 그것은 자연이나 전통적 교배 속에서는 일어나지 않는 것이다.[8] 미국에서 주요 곡물의 80퍼센트 이상은 유전적으로 조작된 씨로부터 자란 것이고 가공 식품의 약 70퍼

---

7 — "Dirty Dozen 더러운 열둘" and "Clean Fifteen 깨끗한 열다섯," Environmental Working Group, http://www.ewg.org/foodnews/index.php.

센트가 GMO를 함유한다.[9]

현재 미국에서는 GMO 표시에 대해 큰 싸움이 일어나고 있다. 통계조사에 따르면 사람들은 자기들이 먹는 음식에 무엇이 들어있는지 알고 싶어 하지만, 거대 산업체들은 막강한 자금력의 바이오테크 로비를 통해 식품에 GMO 표시를 막고 있다. 현재까지 그들은 이 정보를 대중에게 의무적으로 공개하지 못하게 하는 데 성공하고 있다.[10]

"GMO 프리"로 표기된 유기농 식품을 구매함으로써, GMO 상품이 미칠 수 있는 해로부터 자신을 보호할 수 있다. 이 분야에서 앞으로 더 이뤄져야 할 연구들이 많다. 유기농, 비 GMO 식품을 구매함으로써 건강을 위험에 빠뜨릴 잠재성을 줄일 뿐 아니라, 영양가가 풍부한 음식이 주는 혜택을 받을 수 있다.

당 (설탕)

이 책에서 앞서 언급했듯이, 나는 심한 설탕 중독자였다. 많은 사람들이 설탕을 "끊기" 힘들어한다. 그것은 놀랍지 않다. 설탕이 코카인 같은 마약보다 더 중독성이 강하다고 증명되었다는 것을 아는가?[11] 그래서 나는 설탕 중독을 끊으려고 할 때, 대안을 찾아야 했다. 나는 단맛을 좋아했지만, 정제된 흰 설탕과 액상과당(이것들은 여러모로 가공 식품들이다)을 섭취하는 것은 내 몸을 아프게 한다는 것을 알았다. 그것들은 내 몸에 독과 같다. 그래서 나는 건강한 대안을 찾으려고 조사하기 시작했다. 그럼으로써 내 몸과 단 것을 찾는 입맛을 모두 행복하고 건강하게 하기 위해서였다. 내가 배우게 된 것은 저당 당분을 발견해야 한다는 것이었다. 그것은 혈당 지수를 치솟게 하거나 망가뜨리지 않는다. 혈당 수준에 영향을 미치지 않는 감미료는 당 지수가 55 이하이어야 한다. 거기에 해당되는 저당 감미료들은 이렇다.[12]

* 자연 메이플 시럽: 54
* 자연 벌꿀: 50
* 자연 야콘 시럽: 1

---

8 — "What is GMO? GMO란 무엇인가?" Non-GMO Project, GMO 반대 프로젝트, http://www.nongmoproject.org/learn-more/what-is-gmo/.

9 — "GMOs in Our Food System 우리가 먹는 음식 속의 GMO," Just Food, http://justfood.org/farm-to-pantry/gmos-our-food-system.

10 — "GMO Facts GMO에 대한 사실들," Non-GMO Project, http://www.nongmoproject.org/learn-more/.

11 — S. Ahmed, K. Guillem, Y. Vandaele, "Sugar Addiction: Pushing the Drug-Sugar Analogy to the Limit 당 중독: 한계까지 치닫기," *Current Opinion in Clinical Nutrition and Metabolic Care*, 16, 4, (2013): 434-439. http://www.ncbi.nlm.nih.gov/pubmed/23719144.

12 — "Glycemic Index for Sweeteners 각종 당의 GI 지수," Sugar-Sweetener-Guide, http://www.sugar-and-sweetener-guide.com/glycemic-index-for-sweeteners.html.

* 코코야자 설탕: 35

* 스티비아: 0

만일 당신이 스티비아를 사용한다면, 스티비아는 원래 식물에서 나온다는 것을 기억하라. 그러므로 가루나 액체로 만들어지려면 가공되어야 한다. 그러므로 항상 라벨을 읽어서 순수한 스티비아인지 확인하고, 콘 시럽이 추가되지 않았다는 것을 확인하라. 그래서 좋은 유기농 브랜드를 찾으라. 내가 스티비아에 대해 조사해보았더니 엇갈린 반응들이 있었다. 어떤 사람들은 스티비아가 불임을 초래한다고 하는 한편, 어떤 사람들은 스티비아가 임신을 촉진한다고 말한다.[13] 내가 추천하는 것은 만일 당신이 지금 스티비아만 섭취하고 있다면, 다른 감미료도 식단에 포함시키라는 것이다. 스티비아처럼 0칼로리인 것이라면 그것이 무엇이든 의심스러운 면이 있으므로 나는 스티비아와 꿀을 번갈아가며 쓴다.[14]

당에 대해 마지막 한 가지 팁은 인공 감미료를 피하라는 것이다.

---

13 — Hethir Rodriguez, "Does Stevia Cause Infertility? 스티비아가 불임을 유발하는가?" The Natural Fertility Company, http://natural-fertility-info.com/does-stevia-cause-infertility.html; Jacob Teitelbaum, "Effective Natural Treatment for Infertility 불임에 대한 효과적 자연 요법," Stevia.com, http://www.stevia.com/Stevia_Article.aspx?Id=2432.

14 — Lauren Geertsen, "Why I Quit Stevia 왜 나는 스티비아를 끊었는가," Empowered Sustenance, 2013년 6월 5일, http://empoweredsustenance.com/is-stevia-bad-for-you/.

아스파탐과 스플렌다에 대해 많은 질병들과의 연관성이 제기되었다. 가령 편두통, 우울증, 기억 상실, 심지어 뇌암 등이다.[15] 한번은 내가 마사지 치료사에게 갔을 때, 나의 온몸에 통증이 있다고 말했더니, 그녀의 첫 번째 질문은 스플렌다를 먹고 있냐는 것이었다. 나는 좀 어리둥절해서 그렇다고 말했다. (그때 나는 설탕 중독을 끊으려고 스플렌다를 대용식품으로 하고 있었다.) 그녀는 그것을 사용하지 말라고 권했다. 스플렌다를 섭취하면 우리 몸이 그것을 어떻게 처리해야 할지 모르고, 그것은 생소한 물질이므로, 관절에 쌓인다는 것이었다. 나는 그녀의 조언을 받아들였고, 매우 단시간 내에 몸의 통증이 완전히 사라졌다. 비슷한 사례로서, 나의 한 친구가 대장 전문의에게 갔다. 여러 해 동안 소화 기관에 문제가 있었기 때문이었다. 여의사가 그녀의 배를 마사지하고 검사한 후, 스플렌다를 많이 섭취했느냐고 물었다. (내 친구도 나처럼 스플렌다는 건강에 좋다고 생각해서 많이 섭취했다.) 그 의사는 끊으라고 조언했다. 왜냐하면 의사의 경험으로 볼 때, 그것이 소화관에 돌 같은 물질을 만들어서, 또 다른 소화 문제를 일으킬 수 있기 때문이다. 또한 스플렌다가 내장에 있는 좋은 박테리아를 50퍼센트까지 죽일 수

---

15 — Joseph Mercola, "'Sweet' Isn't All There Is to Aspartame and Other Artificial Sweeteners 단 맛을 내는 것은 아스파탐이나 다른 인공적 당만이 아니다," Mercola.com, http://www.mercola.com/Downloads/bonus/aspartame/report.aspx.

있다는 보고도 있다.[16] 나는 그것을 알고 나서, 완전히 끊기로 결정했다. 나는 당신도 직접 조사해보고, 논란의 양측을 살펴보고 나서, 건강에 최선인 것으로 결정할 수 있기를 바란다.

슈퍼푸드의 위력

"슈퍼푸드"는 건강에 큰 보탬이 되며, 다량의 항산화제, 폴리페놀, 비타민, 미네랄을 제공한다.[17] 나는 슈퍼푸드를 나의 식단에 넣기를 좋아한다. 왜냐하면 그것은 건강에 좋으면서 맛도 있기 때문이다. 당신이 먹어볼 수 있는 슈퍼푸드들로는 다음과 같은 것들이 있다.

* 치아 씨: 치아 씨는 수백 년 동안 스태미나와 힘을 주는 능력 때문에 섭취되어 왔다. 아즈텍 용사들은 전쟁에 나가기 전에 치아

---

16 — Joseph Mercola, "New Study of Splenda (Sucralose) Reveals Shocking Information About Potential Harmful Effects 스플렌다(수크럴로스)에 대한 새로운 연구가 해로운 부작용의 가능성을 보여준다," Mercola.com, 2009년 2월 10일, http://articles.mercola.com/sites/articles/archive/2009/02/10/new-study-of-splenda-reveals-shocking-information-about-potential-harmful-effects.aspx.

17 — "Superfoods You Need Now 지금 당신에게 필요한 슈퍼푸드," Health.com, http://www.health.com/health/gallery/0,,20306775,00.html.

씨를 먹어서 지구력을 얻었다고 한다.[18] 치아 씨는 항산화제, 섬유질, 마그네슘, 지방, 단백질이 풍부하다.[19]

* 구기자: 구기자는 영양 측면에서 건강에 좋다. 구기자는 한의학에서 수백 년 동안 사용되어왔다. 구기자는 비타민C 함량이 높고, 어느 식품보다 카로테노이드를 많이 함유하고, 21가지 소량 미네랄을 함유하며, 섬유질 또한 풍부하다.[20] 또한 정신 건강에도 좋아서, 우울증을 완화하고 숙면을 촉진한다.[21] 그러나 만일 혈액 농도를 낮추는 약을 먹고 있다면, 구기자를 식단에 추가하기 전에 의사와 상의하라.

* 삼씨: 삼씨는 세상에서 가장 영양소가 풍부한 씨라고 한다. 삼씨는 완전한 단백질일 뿐 아니라(2순가락에 5그램의 단백질), 체중 감량, 에너지 증가, 콜레스테롤과 혈압 저하, 염증 완화, 순환계와 면역

---

18 — "Chia Seed 치아씨," Bob's Red Mill Natural Foods, http://www.bobsredmill.com/chia-seed.html.

19 — Kris Gunnars, "11 Proven Health Benefits of Chia Seeds 치아씨의 입증된 11가지 효능," Authority Nutrition, http://authoritynutrition.com/11-proven-health-benefits-of-chia-seeds/.

20 — "The Health Benefits of Goji Berries 구기자의 효능," The Healthy Eating Site, http://thehealthyeatingsite.com/the-health-benefits-of-goji-berries/.

21 — Derek Bryan, "What are the Health Benefits of Dried Goji Berries? 말린 구기자의 효능은 무엇인가?" LiveStrong.com, 2015년 4월 21일, http://www.livestrong.com/article/341738-what-are-the-health-benefits-of-dried-goji-berries/.

체계 개선, 자연적 혈당 조절 기능이 있다.[22]

* 아마씨: 이 작지만 강력한 씨는 오메가3 지방산이 풍부하고, 우리 몸의 감염을 줄이고 예방한다. 또한 섬유질, 마그네슘, 망간이 풍부하고, 소화를 촉진한다. 삼씨는 리그난이 풍부한데, 그것은 장에서 여성 호르몬의 균형을 맞추는 물질로 전환된다.[23] 만일 당신도 나처럼 아마씨의 식감이 괜찮다면, 분말로 사서, 스무디, 제빵, 요리에 넣으라.

* 케일: 케일은 요즘 가장 인기 있는 슈퍼푸드다. 케일의 효능을 생각하면 당연하다. 섬유질이 풍부하고(한 컵당 2.5그램), 비타민 A, C, K와 엽산이 풍부하다. 엽산은 비타민 B의 일종으로서 두뇌 발달을 돕는다.[24]

이것은 슈퍼푸드 중에서 몇 가지에 불과하다. 나는 이 보물들을 살펴보며 하나님이 그 안에 주신 유익을 발견하기를 좋아한다. 당신도 주저하지 말고 온라인으로 더 조사해보고 새로운 좋은 식품을

---

22 — "Hemp Seeds 삼씨," Pure Healing Foods, http://www.purehealingfoods.com/hempHeartsInfo.php.

23 — Laura Dolson, "Flax Seed: The Low Carb Whole Grain 아마씨: 저 탄수화물 통곡류," About.com, 2015년 6월 29일, http://lowcarbdiets.about.com/od/whattoeat/a/flaxinfo.htm.

24 — Katherine Tweed, "The Truth About Kale 케일에 대한 진실," WebMD, 2014년 6월 19일, http://www.webmd.com/food-recipes/kale-nutrition-and-cooking.

섭취해보라.

글루텐

아마 대부분의 사람들이 글루텐에 대해 들어보았을 것이다. 모든 사람들이 하는 질문이 있다. "왜 사람들이 다 글루텐 프리 식품을 선택하는 거죠? 이건 일시적 열풍인가요, 아니면 진짜 타당한 이유가 있는 건가요?"

우선 글루텐이 무엇인지 말해보자. 그것은 결합 단백질로서 흔히 밀, 보리, 호밀 식품에서 발견된다. 글루텐은 또한 통밀과 관련된 식품들에서 발견된다. 벌거, 파로, 카무트, 스펠트, 트리티케일 등이다. 그것은 빵에 질감을 주고, 빵을 부풀어 오르게 하고, 많은 소스와 수프에서 걸쭉하게 하는 역할을 한다.[25] 글루텐은 그동안 쭉 있었다. 그래서 내 질문은 이것이다. "왜 몇 년 전보다 지금, 더 많은 사람들이 글루텐에 민감해졌는가?"

이 주제에 대해 두 가지를 생각해볼 수 있다. 과학자들은 오늘날 글루텐으로 인한 문제가 더 많아진 것은 사람들이 수십 년 전에 비

---

25 — Karen Ansel, "Is Gluten Bad for You? 글루텐이 해로운가?" Women's Health, 2010년 11월 6일, http://www.womenshealthmag.com/health/gluten-free-diet.

해 파스타나 제빵류 등 정제된 밀 식품을 더 많이 먹기 때문이라고 말한다. 오늘날 사람들이 글루텐이 함유된 상품을 더 많이 소비할 뿐 아니라, 글루텐을 함유한 식품들은 전보다 글루텐 함유량이 많아졌다.

글루텐 알레르기 등장에 관한 또 다른 이론은 그것이 현재의 밀이 어떻게 만들어졌느냐의 결과라는 것이다. 1950년대에 과학자들이 밀을 교잡해서 영양이 더 풍부하고, 키가 더 작고, 재배하기 쉽게 만들었다. 그 녹색 혁명이 전 세계에 곡물 수확량을 늘렸다. 그러나 새롭게 교잡된 밀 속의 글루텐은 이제 많은 사람들에게 문제를 일으키는 주범이 되었다. 그것이 요즘 새롭게 명명된 "글루텐 민감성" 등장의 요인일 수 있다.

나는 이 여정 초기에, 60일 글루텐 금식을 하기로 결정했었다. 글루텐을 끊자 내 몸의 상태가 훨씬 더 좋아졌다. 소화기능이 더 정상적이 되었고, 에너지가 더 생겼다. 나에게 글루텐 민감성의 징후는 더부룩함, 가스, 속이 불편함, 머리가 멍함이다. 이제 나는 글루텐을 끊었을 때의 상태가 어떤지 알기 때문에, 글루텐을 함유한 것을 어쩌다 먹으면 즉시 안다. 나에게 있어서, 글루텐을 끊었을 때의 유익은 빵 한 조각을 먹지 못하는 것의 손실을 훨씬 더 상회한다. 빵을 끊어야 한다는 생각을 도저히 참을 수 없는 사람이라면, 글루텐 프리 빵들이 나와 있다. 개인적으로, 나는 곡식을 먹지 않는 식단을 유지하기 때문에 글루텐 프리 빵도 먹지 않는다. 글루텐 프리 빵은 영양분이 거의 없거나 전혀 없기 때문에 내가 그렇게 결정하기가 더 쉬워진다. 나는 가끔, 싹 난 곡식으로 만든 빵을 먹는다. 그것은 나의 위장에 별로 지장이 없다.

어떤 사람들은 소위 소아 지방변종이 있다. 그것은 자가면역질환으로서 몸이 어떤 형태의 글루텐을 받아들이지 못하게 한다. 소아 지방변종이 있는 사람이 글루텐을 먹으면 몸이 면역 반응을 일으켜서 소장을 공격한다. 그 공격은 융모를 손상시킨다. 융모는 작은 손가락 모양의 돌기로서 소장 안에서 영양 흡수를 촉진한다. 융모가 손상되면, 영양분이 몸에 잘 흡수되지 않는다.[26] 소아 지방변종을 겪는 사람들은 많지 않지만, 글루텐에 민감한 사람들은 많다. 그것도 비슷한 증상을 가질 수 있다.

흥미롭게도, 많은 비만인들이 글루텐을 끊고서 즉시 체중이 감소되었다. 우리 목사님들 중의 한 분이 섬유조직염이 있는 한 여성을 위해 기도하고 있었다. 기도하다가 그는 그녀에게 글루텐을 끊으라고 말해야 한다는 것을 느꼈다. 그가 누구에게 그렇게 말하는 일은 일반적으로 없지만, 그녀는 그 말이 맞다고 느꼈고 동의했다. 그 이후, 그녀는 건강하다.

만일 이것을 읽고서 당신의 건강 문제의 일부가 글루텐 때문이 아

---

[26] — "What is Celiac Disease? 소아 지방변종이란 무엇인가?" Celiac Disease Foundation, http://celiac.org/celiac-disease/what-is-celiac-disease/.

닌지 궁금하다면, 글루텐 금식을 60일 동안 하면서 몸 상태가 어떤지 보기 바란다. 기억하라. 항상 당신이 선택하는 식품의 라벨을 읽고서, 글루텐 프리 표시가 없는 소스와 드레싱은 먹지 말라. 왜냐하면 그런 것에는 글루텐이 함유되어 있기 때문이다. 많은 음식점들이 글루텐에 대한 문제를 인식하고서, 이제는 글루텐 프리 메뉴들을 제공한다.

건강한 라이프스타일 옵션들

나는 일시적 유행 다이어트들을 찬성하지 않지만, 어떤 사람들에게 효과가 있는 건강한 식단의 라이프스타일과 패턴이 있다고 믿는다. 다음 옵션들은 나나 내가 알고 신뢰하는 사람들에게 유익했던 것들이다. 이것들이 당신에게 맞지 않을 수도 있지만, 새로운 창조적 아이디어를 줄 수도 있고, 새로운 접근법들에 대한 일반적인 가이드가 될 수도 있을 것이다. 당신의 건강관리 전문가도 이 일의 동지이므로, 식단에 큰 변화를 주려고 할 때 상의해야 할 것이다. 동시에, 내가 이 책에서 처음부터 말해왔듯이, 하나님이 당신의 안내자, 파트너, 친구시다. 하나님은 당신의 몸을 구석구석 전부 자세히 아시므로, 어떤 책이나 사람보다 더 효과적으로 당신과 함께 일하실 것이다. 그것은 성경이 말하는 것과 같다. "너희가 오른쪽으로 치우치든지 왼쪽으로 치우치든지 네 뒤에서 말소리가 네 귀에 들려 이르기를 이것이 바른 길이니 너희는 이리로 가라 할 것이다"(사 30:21).

페일리오 다이어트 (구석기 다이어트 혹은 동굴인 다이어트)

이 스타일의 식단은 콩류, 곡식, 대부분의 유제품을 제외한다(그러나 어떤 사람들은 풀만 먹은 소의 유기농 버터와 버터기름을 먹는다). 많은 사람들이 이 라이프스타일로 성과를 거두는 우선적 이유는 가공식품을 끊음으로써, 많은 첨가된 화학물질과 보존료들이 제거되기 때문이다. 목표는 모든 음식을 자연 상태로 먹는 것이다. 유기농 가금류, 붉은 살코기, 돼지고기는 모두 허용된다. 유기농 과일과 야채는 무제한으로 먹을 수 있다(그러나 과일에 당이 함유되어 있다는 것을 기억하라. 그러므로 체중을 줄이려고 한다면 덜 먹어야 할 것이다). 감자에 관해서는, 이 식단을 따르는 대부분의 "페일리오들"이 고구마와 얌만 먹는다. 그것들은 칼로리와 탄수화물 함량이 높기 때문에 운동 직후에 먹으면 당지수 보충에 좋다.[27] 페일리오 접근법을 따르는 사람들은 너트와 씨는 먹는다(땅콩은 제외한다. 땅콩은 너트가 아니라 콩류로 간주된다). 왜냐하면 너트와 씨는 건강한 지방과 단백질의 공급원이기 때문이다. 또한 양질의 유기농 압착 올리브유,

---

27 — Steve Kamb, "The Beginner's Guide to the Paleo Diet 초보자를 위한 페일리오 다이어트," Nerd Fitness, 2010년 10월 4일, http://www.nerdfitness.com/blog/2010/10/04/the-beginners-guide-to-the-paleo-diet/.

아보카도, 코코넛유는 건강한 지방으로서 권장된다. 야생 생선은 단백질의 좋은 공급원이고 양식 생선보다 안전하다. 양식 생선은 수은과 다른 독성 물질들을 함유하는 경우가 많다. 유기농 오메가3 달걀도 이 스타일의 섭식을 추구하는 사람들에게 좋은 옵션이 될 수 있다. 페일리오 다이어트는 글루텐과 곡물 부작용이나, 소아 지방변증, 자가면역질환을 가진 사람들에게 정말로 성공적인 섭식법이다.

베지테리언 다이어트 Vegetarian Diet

베지테리언 다이어트는 과일, 야채, 너트, 씨, 콩류를 풍부하게 섭취한다. 베지테리언은 육류를 금하지만, 어떤 사람들은 유제품과 달걀을 허용한다. (비건Vegans은 베지테리언 중에서도 유제품과 달걀을 포함한 모든 동물성 식품을 금한다.) 베지테리언과 비건이 참작해야 할 중요한 사항은 첫째로 식단에 곡물을 너무 많이 넣지 말고, 둘째로, 풍부한 단백질을 섭취하는 것이다.

GAPS (장 및 심리 증후군) 다이어트

이 영양 섭취 접근법은 나타샤 캠벨-맥브라이드 박사 Dr. Natasha Campbell-McBride에 의해 창조되었다. 계기는 그녀의 자녀에게 학습장애가 있었던 것이다. 권장 식품은 유기농 달걀, 신선한 육류, 어류, 조개, 신선한 과일, 야채, 너트와 씨, 마늘, 올리브유다. 이 다이어트는 가능한 한 많은 생야채를 먹을 것을 권장한다. 생야채 속에 들어있는 효소들이 소화를 도우며 소화관을 치유한다는 이론을 근거로 한다. GAPS 다이어트에서는 과일은 따로 먹으라고 권장한다. 왜냐하면 소화관이 과일을 다른 식품과 다르게 처리하기 때문이다. 과일을 다른 음식과 함께 먹으면 고통과 불편을 초래한다고 한다. 그래서 과일을 식사 사이의 간식으로 먹으라고 권장한다. 자연 지방도 권장한다. 가령 올리브유, 코코넛유, 버터기름, 너트 등이다. 이 다이어트는 발효 식품을 많이 먹는 것도 포함한다. 가령 자우어크라우트, 요거트, 케피어(케피어 알갱이와 함께 만들어진 발효된 우유-역주) 등이다. 왜냐하면 그것들이 소화관을 건강하게 유지하는 데 역할을 하기 때문이다. 이 다이어트에 대해 더 많은 정보를 얻으려면, 캠벨-맥브라이드 박사의 저서 《장 및 심리 증후군 Gut and Psychology Syndrome》[28]을 보기 바란다. 이 섭식 접근법은 과민성 대장 증후군과 "새는 장" 증후군 등의 위장 및 소화 문제를 가진 사람들에게 자주 추천된다. 그리고 자폐증, 기분 및 정신 장애를 가진 사람들을 위한 보조 식단으로 사용된다.

지중해 다이어트

앤슬 키즈 박사 Dr. Ancel Keys는 미국인 과학자이며, 1950년대에

---

28 — "Gut and Psychology Syndrome 장 및 심리 증후군," GAPSdiet, http://www.shop.gapsdiet.com/product.sc?productId=1&categoryId=7.

이탈리아에서 산 후에 이 접근법을 창조했다. 그는 남유럽 사람들이 질병이 적고 세계 다른 사람들보다 더 활력 있고 건강하게 사는 것에 주목했다.[29] 그는 매우 단순한 그 식단을 옹호했다. 그것은 야채, 과일, 너트, 씨, 콩류, 감자, 통곡물 빵, 허브, 향신료, 생선, 해산물, 엑스트라 버진 올리브유, 가금류, 달걀, 치즈, 적정량의 요구르트로 이뤄진다. 그의 목표는 음식을 단순화하면서도 맛을 놓치지 않는 것이었다. 키즈 박사는 가당 음료, 설탕 추가, 가공육, 정제된 곡물, 정제된 기름, 기타 고도의 가공식품을 반대한다. 이 다이어트는 심장에 매우 유익하기 때문에 특히 심장병 환자에게 권장되지만, 누구나 이 방법을 따를 수 있다.

혈액형에 맞는 식습관

피터 다다모 Peter D'Adamo는 이 건강 접근법에 대한 가장 유명한 옹호자다. 그는 이상적인 식단은 혈액형에 따라 다르다고 믿는다. 그래서 어떤 음식이 어떤 사람들에게는 좋은 반면에 다른 사람들에게는 좋지 않다고 설명한다. 내가 혈액형 식단을 따르고 난 후, 전보다 훨씬 건강이 좋아졌다. 그러나 그것을 라이프스타일로 삼을 수는 없다는 것을 발견했다. 내가 좋아하는 어떤 음식들을 포기할 수 없었기 때문이다.[30]

간단히 보자면 이렇다. (1) O형: O형은 고단백질(닭고기, 생선, 칠면조 등) 식단을 따르고 곡물, 콩, 유제품은 적게 섭취하는 것이 가장 좋다.

(2) A형: A형은 식물 위주의 식단이 좋은 것으로 보인다(신선한 유기농 과일과 야채, 콩류, 통곡물). (3) B형: B형은 옥수수, 밀, 메밀, 렌틸콩, 토마토, 땅콩, 참깨를 금하라고 한다. 다다모는 닭고기조차 B형에게는 해롭다고 믿는다. 그는 푸른 야채, 달걀, 특정한 육류, 저지방 유제품을 먹으라고 권한다. (4) AB형: 다다모에 따르면, AB형은 유기농 해산물, 유제품, 푸른 야채에 초점을 맞춘 식단이 필요하다. AB형은 다른 혈액형보다 위산이 덜 분비되기 때문이다. 그는 또한 육류를 금하라고 권한다. 육류는 "소화력"이 더 필요하기 때문이다.

자신의 라이프스타일을 스스로 선택하라

이 건강한 라이프스타일 옵션들은 당신이 채택할 수 있는 많은 옵션들 중에서 불과 몇 가지에 불과하다. 많은 유행 다이어트들은 내가 보기에 유익보다 해를 준다. 그러나 위에 언급된 것들은 당신이 웰빙으로 가는 여정을 시작하도록 아이디어들을 제공해준다. 나는 80/20

---

29 — Christian Nordqvist, "What is the Mediterranean Diet? 지중해 다이어트란 무엇인가?" Medical News Today, 2015년 5월 28일, http://www.medicalnewstoday.com/articles/149090.php.

30 — The website of Dr. Peter J. D'Adamo & The Blood Type Diet 피터 J 다다모 목사의 웹사이트와 혈액형 다이어트, http://www.dadamo.com 에 이 방법에 대한 더 많은 정보가 있다.

규칙을 따른다. 내가 먹는 음식의 80퍼센트는 날 것이다(과일과 야채). 20퍼센트는 소위 "죽은 식품"이다. 즉 요리된 음식이다. 당신이 어느 길을 가기로 결정하든, 당신의 식습관을 바꾸는 열쇠는 은혜라는 것을 명심하라.

이 장에서 많은 정보를 제공했다. 그러나 짓눌리지 않기 바란다. 오히려 당신이 힘을 얻었기를 바란다. 다른 일에서와 마찬가지로, 작은 것에서부터 단순하게 시작하라. 어떤 사람들은 식단에 과일과 야채를 더하는 것부터 시작해야 할 것이고, 어떤 사람들은 당장 라이프스타일을 통째로 바꿔야 한다고 느낄 것이다. 당신이 어떻게 하든, 자신에게 한번 그냥 시도해보도록 은혜를 베풀라. 편안하게 천천히 변화되고, 시간을 가지고, 당신의 생각을 바꾸라. 명심하라. 이것은 여정이지, 경주가 아니다.

삶의 질 개선을 위한 디톡스

최근에, 이 주제를 내가 다시 공부하면서, 하나님께서 우리 몸을 그렇게 정교하고 세밀하게 만드신 것에 감탄했다. 하나님은 우리의 모든 조직, 모든 기관, 모든 신경들과 피가 완전한 조화 속에 함께 일하도록 창조하셨다. 하나님께서 우리 몸이 자체적으로 정화되고 스스로 디톡스 하도록 구체적으로 디자인하셨다면, 당신은 질문할지 모른다. "우리 몸이 자연스럽게 디톡스 하도록 되어 있는데, 왜 우리가 추가로 그 과정을 도와야 하지?" 슬픈 현실은 우리가 사는 환경에 독소가 가득하다는 것이다. 음식에 농약이 있고, 세제에 화학물질들이 있고, 심지어 우리가 호흡하는 공기에조차 알려진 것만 해도 187가지 독소가 있다.[1] 우리가 매일 건강한 라이프스타일을 선택하며 살더라도, 호흡하는 공기, 먹는 음식, 마시는 물, 세제, 화장품, 자는 매트리스, 입는 옷, 우리 집의 카펫, 그리고 심지어 우리가 복용하는 보

---

1 — "About Air Toxics 공기 중의 독소에 대하여," U.S. Environmental Protection Agency, 2012년 6월 21일, http://www.epa.gov/oar/toxicair/newtoxics.html.

충제에서조차 독소를 접한다.

이 독소가 몸에 쌓이면 매우 해로울 수 있다. 몸의 독소가 과도하게 쌓이면 비만, 암, 알츠하이머, 자폐증, 당뇨, 피로, 심장병, 알레르기, 칸디다, 불임으로 이어지는 것으로 알려져 있다.[2] 마크 하이먼 Mark Hyman 박사는 말한다. "만일 당신이 잘 먹고 운동을 하는데도 불구하고 살이 빠지지 않아 어려워하고 있다면 독소들이 몸의 신진대사를 저해하고 있는 것일 수 있다."[3] 그러므로 당신의 몸의 디톡스가 당신의 몸을 건강하게 하는 데 매우 중요한 역할을 할 수 있다.

하나님은 우리 몸이 원하지 않는 물질들과 독소들을 자연적으로 중화하고, 변화시키고, 처리함으로써 디톡스 하도록 디자인하셨다. 그러므로 우리가 우리 몸 자체의 디톡스 시스템의 기능을 개선하고 최적화하자는 것이다. 우리는 섭취하는 독소의 양을 줄이는 동시에 해독 및 제거 시스템이 적절히 기능하는 데 필요한 영양소를 제공함으로써 도울 수 있다. 나는 그렇게 함으로써 우리의 건강을 최적화할 수 있다고 믿는다.[4]

이 주제에 대해 건강 전문가들 중에서도 의견이 분분하다. 어떤 사람들은 우리 몸의 디톡스를 돕기 위해 아무것도 하지 말아야 한다고 말한다. 왜냐하면 앞서 말했듯이, 우리 몸이 자체적으로 디톡스 하기 때문이다. 어떤 사람들은 며칠만 디톡스를 해야 한다고 하고, 어떤 사람들은 일주일 동안 디톡스를 해야 한다고 한다. 어떤 사람들은 세상에 독소가 넘치므로 우리 몸이 자체적으로 디톡스 하기가 불가능하다고 말한다. 그래서 이런 질문이 따라온다. "만일 내가 디톡스를 해야 한다면, 무엇을 해야 하고, 얼마나 오래 해야 하는가?"

방대한 정보 때문에 혼란스럽고 짓눌리는 기분일 수 있다. 그러므로 나의 조언은 이렇다. 당신의 몸의 소리에 귀 기울이라. 당신은 다른 누구보다 당신의 몸을 잘 안다. 오직 당신만 당신의 몸이 "어긋난" 것을 정말로 느낄 수 있다. 늘 그렇듯이, 결정한 것을 당신의 건강 전문가와 나누고, 성령님을 당신의 안내자로 의지하라. 나는 내 몸 안에서 일어나고 있는 일에 매우 민감하다. 왜냐하면 나는 내 몸의 소리에 귀 기울이도록 나 자신을 가르쳐왔기 때문이다. 그래서 디톡스가 필요할 때면 나는 즉시 알아챈다. 보통은 몸이 둔하고 무거워지는 것이다. 그러면 뭔가 잘못된 것이다.

---

2 — Donna Gates, "The Most Common Sources of Toxins Trapped in Your Body and the Most Efficient Way to Eliminate Them 당신의 몸에 쌓이는 독소의 가장 흔한 원천과 그것을 제거하는 가장 효과적인 방법," Body Ecology, http://bodyecology.com/articles/most_common_sources_of_toxins.php#.VG41Qr74vGw.

3 — Mark Hyman, "How Toxins Make You Fat: 4 Steps to Get Rid of Toxic Weight 어떻게 독소가 당신을 살찌게 하는가: 독소로 인한 비만을 제거하는 4단계," Dr. Mark Hyman, 2014년 10월 18일, http://drhyman.com/blog/2012/02/20/how-toxins-make-you-fat-4-steps-to-get-rid-of-toxic-weight/.

4 — Lipman, Frank, "What Do You Mean by Detox? 디톡스의 의미는?" Dr. Frank Lipman, http://www.drfranklipman.com/what-do-you-mean-by-detox/.

독소 축적의 증상들

말했듯이, 뭔가 어긋났다면 당신의 몸이 말해줄 것이다. 많은 경우에, 사람들은 아픈 상태에 너무 익숙해져서 그 증상이 도움을 요청하는 호소라는 것을 깨닫지 못한다. 당신의 몸에 디톡스가 필요한지 모른다고 알려주는 증상들은 다음과 같다.

* 피로: 일반적으로, 스케줄이 바쁘고 잠이 부족할 때 피로를 느낀다. 비정상이 아니다. 그러나 극도로 피곤하고 잠자리에서 일어나는 데 온 힘을 다 쏟아야 한다면, 디톡스가 필요한지 모른다. 그것은 당신의 몸이 지쳐, 일어나 활동할 수 없어서가 아니라, 과축적된 독소를 제거하려고 애쓰기 때문일 것이다. 이 정도로 지치면, 많은 사람들이 커피나 에너지 음료를 더 마셔서 해결하려고 하지만, 그것은 문제를 가중시킬 뿐이다. 독소는 당신의 면역 체계를 탈진시켜, 반복해서 아프게 하고, 그것은 더 많은 피로로 이어질 수 있다. 그런 악순환이 이뤄질 수 있다.
* 체중 문제: 당신이 깨끗하고 건강한 식단을 따라 먹고 있고 운동도 하는데 체중이 줄어들지 않는다면, 독소 과축적이 주범일 수 있다. 독소에 찌든 몸은 독소를 제거하는 데 총력을 기울인다. 즉 감량은 우순선위에서 밀려나는 것이다.
* 입 냄새: 입 냄새는 불량한 구강 위생의 증상이라기보다 소화계

의 불균형 때문인 경우가 많다. 입 냄새를 독소 제거의 주요 기관인 간과 연결시키기도 한다. 사람들은 때로 껌을 씹어서 입 냄새를 가리려고 하지만, 시중의 껌들은 대부분 인공 감미료 등의 독소들이 오히려 더 많이 들어 있다. 그래서 문제를 해결하는 것이 아니라 도리어 악화시킬 수 있다.

* 변비: 이것은 모두가 피하고 싶어 하는 것이다. 그것은 우리를 불편하고 짜증나게 할 뿐 아니라, 속을 거북하게 하고, 두통, 근육통, 피로를 일으킬 수 있다. 과도한 독소가 장에 쌓이면, 소화관이 막힐 수 있다. 나의 조언은 모든 가공 식품을 제거하고 살아 있는 음식을 많이 먹으라는 것이다. 깨끗한 좋은 물을 마셔서 소화기능을 정상적으로 유지하라.

* 냄새에 과민: 냄새에 과민반응을 보이는 사람들은 임산부만이 아니다! 많은 사람들이 독소가 너무 많이 축적되면 냄새에 민감해진다. 우리 몸은 우리와 소통한다. 화학물질 냄새에 민감해지는 것은 몸에 화학물질이 너무 많기 때문이다. 만일 당신이 냄새 때문에 자주 두통이나 구역질이 난다면, 당신의 몸이 당신에게 뭔가 말하려고 하는 것이다.

* 근육통: 아침에 일어났더니 몸이 쑤시는데 이유를 알 수 없었던 적이 있는가? 아무 힘든 일도 한 적이 없었는데 말이다. 그것은 당신의 몸이 독소를 배출하지 못하여, 근육에 너무 많은 독소를 축적하기 시작했기 때문일 수 있다.

* 피부 트러블: 여드름, 뾰루지, 다크서클, 습진, 건선은 모두 몸에 독소가 너무 많이 축적되었을 수 있다는 징후들이다. 화장품의 화학물질들과 파라벤이 피부를 통해 몸에 흡수될 수 있으니, 화장품 성분을 살펴보라.

다음은 무엇인가?

이 증상들이 당신과 관련된다면, 당신은 이제 어떻게 해야 할지 궁금할 것이다. 우리 몸의 주요 장기들로는 위, 소장, 췌장, 폐, 대장, 간, 신장, 심장, 뇌, 피부가 있다. 그것들은 함께 일하여 우리 몸을 깨끗하게 하도록 디자인되었다. 우리가 살펴보았듯이, 이 장기들에 독소 과부하가 일어나면, 우리는 피곤하고 찌뿌둥하고 심지어 아플 수 있다.

첫 단계로서, 이 장기들이 하는 역할을 살펴보고 우리가 장기들의 해독작용을 어떻게 도울 수 있는지 보겠다.

대장

자연 요법 의사라면 디톡스를 하려고 할 때 대장부터 시작하라고 말할 것이다. 건강관리 전문가들은 장을 "두 번째 뇌"라고 부른다. 왜냐하면 장이 우리 몸의 전반적 건강에 지대한 역할을 하기 때문이다.[5] 질병의 90퍼센트는 대장에서 시작된다고 한다. 내가 아는 어떤 사람들은 알레르기가 심했는데, 대장 청소를 시작하자, 알레르기가 완전히 사라졌다! 그런 사실을 알기에, 나는 항상 나의 대장을 깨끗하게 관리해야 한다고 확신하게 되었다.

건강한 대장의 징후는 하루에 두세 번의 장운동을 하는 것이다. 그 횟수가 당신에게 충격적으로 다가올 수 있다. 왜냐하면 많은 미국인들은 일주일에 두세 번의 장운동을 하기 때문이다! 아기들의 소화방식을 보면, 그것은 장 건강의 좋은 예가 된다. 어떤 부모든 조그만 아기가 보는 대변의 양이 얼마나 많은지 증언해줄 것이다. 사실, 우리 몸은 먹고 나면 늘 대변을 보도록 디자인되었고, 그것이 장을 건강하게 해준다.

대변 횟수에 주의를 기울여야 할 뿐 아니라, 대변의 모양이 어떤가도 중요하다. 대변은 뱀 똬리 모양이어야 한다. 그리고 미끈하고 부드러워야 한다. 대변이 물에 가라앉아야 하느냐, 떠야 하느냐에 대해서는 논란이 있지만, 정기적으로 배설하기만 한다면 둘 다 괜찮다고

---

5 — Adam Hadhazy, "Think Twice: How the Gut's 'Second Brain' Influences Mood and Well-Being 깊이 생각하라: 어떻게 장의 '제2의 두뇌'가 기분과 웰빙에 영향을 미치는가," Scientific American, 2010년 2월 12일, http://www.scientificamerican.com/article/gut-second-brain/.

본다.[6]

　장을 정기적으로 운동하게 하는 방법들로는 물 많이 마시기, 건강한 기름 섭취, 섬유질 많이 먹기가 있다. 여자는 하루에 21-25그램의 섬유질을 섭취하고, 남자는 30-38그램을 섭취하도록 권장한다.[7] 시중의 섬유질 보충제를 먹는 것도 도움이 되지만 역시 최선은 섬유질을 함유하는 건강한 식품을 섭취하는 것이다. 가령 과일과 채소, 치아씨와 아마씨 등이다. 또한 매일 기름을 섭취할 수 있는 식품들로는 아보카도, 올리브유, 생선유, 코코넛유, 아마씨유, 삼씨유 등이 있다. 그것은 장벽에 윤활유 역할을 해서 노폐물을 더 효율적으로 배출하게 한다.

간

　간은 인체에서 두 번째로 큰 기관이다. 그 기능은 담즙을 생성해 소화를 돕는 것이다. 담즙은 지방을 작은 조각들로 나누어서, 대사를

---

[6] — Glenn Ellis, "Strategies for Well-Being: Bowel Movements: Sinkers or Floaters? 웰빙을 위한 전략: 장 운동: 가라앉는가, 뜨는가?" Electronic Urban Report, 2011년 3월 10일, http://www.eurweb.com/2011/03/strategies-for-well-being-bowel-movements-sinkers-or-floaters/.

[7] — Mayo Clinic Staff, "Dietary Fiber: Essential for a Healthy Diet 식이섬유: 건강한 다이어트에 필수요소," Mayo Clinic, http://www.mayoclinic.org/healthy-living/nutrition-and-healthy-eating/in-depth/fiber/art-20043983.

돕는다. 또한 탄수화물, 지질, 단백질도 처리하고, 피의 해독도 돕는다. 또한 간은 영양분, 비타민, 미네랄을 저장하는데, 그것들은 필수 단백질의 생성을 돕고 면역계를 튼튼하게 한다.

이것은 간이 매일 수행하는 수많은 임무들 중의 지극히 작은 한 부분에 불과하다. 보다시피, 그것은 매우 중요하다! 요컨대, 간은 몸에서 "쓰레기를 치우는" 임무를 담당한다. 그래서 간은 독소 과부하가 되기 쉬우므로, 우리가 할 역할은 간이 건강하게 보존되도록 돕는 것이다. 어떻게? 우선 우리의 식단을 보아야 한다. (모든 것은 항상 식단으로 돌아간다!) 우리는 간에 무리를 줄 수 있는 것을 제거하는 것을 목표로 삼아야 한다. 그것은 모든 가공식품, 정제 설탕, 알코올, 약 등이다. (당신이 먹고 있는 약을 끊기 전에 항상 의사와 상의하라.) 간의 건강을 증진시키는 식품으로는 아보카도, 민들레 어린 잎, 아스파라거스, 호두, 유기농 시금치, 자몽, 생 토마토, 당근, 마늘, 방울 양배추, 케일이 있다.

간을 깨끗하게 하는 식품으로서 내가 좋아하는 것은 케일이다. 그러나 케일은 그 힘이 매우 강력하기 때문에 주의를 기울여야 한다. 한번은 내가 잠시 "주스 클렌즈"로 간을 해독하려고 했었다. 나는 케일을 주 채소로 사용했는데 한번에 450그램의 케일을 주스로 만들면서 사과와 레몬만 더했다. 그 클렌즈 이튿째, 나는 어지럽고, 갑자기 열, 오한, 지끈거리는 두통이 엄습했다. 나는 독감에 걸린 줄 알았다. 그러나 다음 날 아침에 일어나보니 독감이 아니었고 케일을 과용했던 것이었다! 때로 이런 증상들이 설사와 함께 나타나는 것은 정상적이고 심지어 좋은 징후일 수 있다. 그것은 과도하게 독소가 축적이 되어 있던 몸이 해독되고 있다는 것이다. 그러나 그 증상은 며칠만 있어야 하고, 그러고 나서는 전보다 컨디션이 훨씬 더 좋아져야 한다. 나는 그 케일 클렌즈 때 케일을 과용했던 것이다. 나와 같은 실수를 범하지 않으려면, 주 채소에, 가령, 케일 대신에 로메인 상추를 더 할 수 있다.

나는 내 상태가 어떤지를 봄으로써 간에 면밀히 주의를 기울이는 법을 배웠다. 찌뿌둥하고 피곤하면, 간을 잘 돌보아야 할 때라는 것을 안다. 또한 내가 오랜 세월 동안 보디빌딩을 하면서 배운 것이 있다. 역기를 들거나 운동을 할 때, 근육에 저장된 독소들이 풀어져 나와 간으로 이동한다. 그러므로 운동을 많이 할수록 간을 깨끗하게 하는 과일과 야채를 많이 먹어야 하고, 심지어 때때로 간 디톡스를 장시간 하는 것도 고려해보아야 한다. 간을 건강하게 유지하지 않으면, 나머지 장기들에 부정적인 연쇄반응을 일으킬 수 있다. 그러나 간을 건강하게 하면, 온 몸도 건강하게 한다.

피부

"장기"라고 하면, 간, 심장, 위장 등을 생각한다. 피부는 떠오르지도 않는다. 자, 놀라운 사실이 있다! 피부는 가장 큰 장기이며, 중요한 장기 중 하나다. 피부는 모든 것을 제자리에 있게 해주고 하나로 연결해준다. 감사하게도, 피부 디톡스는 간단하다. 물은 피부의 가장 좋은 친구다. 왜냐하면 물은 피부에 수분을 공급하고 피부를 건강하게 하기 때문이다. 이것은 식단에 수분을 많이 함유한 오이나 멜론 등을 포함해야 한다는 것을 의미한다.

땀 흘리는 것도 피부의 독소 제거 방법 중 하나다. 땀 흘리는 것은 몸이 디톡스하고 쌓인 독소를 제거하는 방법이다. 그러므로 여성들도 땀 흘리기를 두려워하지 말아야 한다! 나는 적외선 사우나를 강력히 추천한다. 그것은 땀을 흘리게 해서 피부에 도움이 된다. 또한 그것은 중금속, 방사능입자를 제거하고 피의 산화를 개선한다고 한다.

피부 브러싱도 보디 디톡스를 돕는 것으로 추천한다. 시작하려면, 스킨 브러시를 사야 한다. 건강식품 가게에서 살 수 있다. 샤워나 목욕을 하기 전에, 브러싱을 하는데 발에서부터 시작해서 심장 쪽으로 올라오라. 이것은 림프액이 다시 심장으로 돌아가도록 돕는다. 심장에서부터 멀어지는 쪽으로 브러싱하지 말라. 정맥과 림프관의 판막에 무리한 압력을 주지 않기 위해서다. 그것은 혈관을 손상시킬 수 있고 정맥류를 일으킬 수 있다. 샤워나 목욕을 하고 나서, 몸을 잘 말리고 피부를 순수한 식물성 기름으로 마사지하라.

디톡스 워터 (레몬 디톡스)

이미 말했듯이, 수분 섭취가 중요한데, 물은 독소를 제거하는 데 만일 그냥 물을 마시는 게 지루해졌다면, "디톡스 워터"를 만들어 마셔보라. 디톡스 워터는 만들기 쉽고 간단하다. 좋아하는 감귤류(레몬, 오렌지, 자몽 등)를 좋아하는 과일과 결합하면 된다. 인기 있는 디톡스 음료는 레몬과 오이, 박하, 수박을 결합하거나 라임과 라즈베리를 결합한 것이다. 그것들을 잘라 물병에 30-60분 동안 넣어두었다가 마시라. 그것은 창의적이고, 건강에 좋고, 맛있는 음료수가 되어서 당신의 몸에 수분을 공급하고 독소를 씻어낸다. 디톡스 워터는 몸에 무리를 주지 않으므로, 매일 마실 수 있고, 당신이 마시는 물을 더 맛있게 해준다. 나는 항상 디톡스 워터에 레몬을 넣는다. 레몬이 소화관을 자극해 지방과 담즙을 잘 분해해주기 때문이다. 여러 과일, 야채, 허브까지도 조사해보고서 어느 것이 당신의 몸에 가장 이로울지 결정하기 바란다. 예를 들어, 오이를 더하면 염증이 줄어들 뿐 아니라 자연적 진통 완화제 역할까지 한다. 박하는 위장 근육을 진정시키고, 자몽은 지방 배출을 돕는다.

건강한 디톡스 제품들

내가 이 장에서 언급했듯이, 식단은 몸에서 독소를 제거하는 데 중요한 역할을 한다. 나는 자연스러운 디톡스 방법을 선호하지만, 추천 상품을 사용해보기도 한다. 좋은 상품을 찾을 때는, 항상 먼저 조사를 해보고 나서, 그 상품의 라벨을 읽어보라! 식물성 유기농 제품을 고르라. 그것들은 21-30일에 걸쳐서 하는 디톡스 상품들이다.

말할 필요도 없이, 당신은 디톡스나 클렌즈를 할 때, 시작할 뿐 아니라, 마치기를 원할 것이다. 디톡스를 마치고 나자마자 오염된 가공 식품을 다시 먹고 싶지는 않을 것이다. 그것은 당신의 몸에 충격을 줄 뿐 아니라, 웰빙을 위해 열심히 일해 놓은 것을 무산시킬 것이다.[8]

땅 밟기

이것을 영어로 "grounding"이나 "earthing"이라고 한다. 여기서 그

---

8 — Recommended websites for doing a long-term cleanse: The Juice Lady 장기 클렌즈를 하기 위한 추천 웹사이트: 주시 레이디, http://www.juiceladycherie.com/Juice/; Standard Process, http://www.standardprocess.com/Standard-Process/Purification-Program#.VFkKL0R9lec;Baseline Nutritionals, https://www.baselinenutritionals.com/shop.php.

라운딩은 당신이 어릴 때 몰래 잘못을 저지르거나 심부름을 하지 않았다가 부모님에게 들켜서 당하는 벌이 아니다. 이것은 땅의 전자기장에 당신 자신을 맞추는 것이다. 땅은 전기적으로 충전된 행성이고, 우리는 그 위에 사는 생물전기적 존재다.

어떤 사람들은 땅 밟기로 에너지가 충전되며, 많은 유익이 있다고 믿는다. 즉 그것이 생물전기적 회로를 회복시키고 안정시킨다는 것이다. 생물전기적 회로는 생체기능에서부터 장기들까지 모든 것을 관리할 뿐 아니라 기초적인 생체 리듬을 조화시킨다. 그것은 자기 치유 기제를 증진시키고, 감염과 통증을 줄이고, 수면 사이클을 개선하고, 안정감을 증진한다고 한다.

생물전기적 심리치료 전문가인 스티븐 시나트라Stephan Sinatra 박사는 맨발로 40분 동안 야외에서 걷는 것이 땅 밟기의 효과를 극대화한다고 말한다. 그는 야외로 나가서 풀, 모래, 흙, 심지어 콘크리트(젖은 것이 더 좋다) 위에 앉거나, 서거나, 그 위에서 걸어서 땅의 전자를 더 잘 흡수하라고 권한다. (나무, 아스팔트, 비닐 같은 표면은 땅 밟기 용으로는 적합하지 않다.)[9]

이 방법에 대한 의심은 잠시 내려놓고, 최소한 우리가 원래 땅 밟

---

9 — "Grounding/Earthing 땅 밟기," Dr. Stephan Sinatra's Informational Site - Heart MD Institute 스티븐 시나트라 박사의 정보 사이트 - 하트 MD 연구소, http://www.heartmdinstitute.com/health-topics/alternative-medicine/grounding-earthing.

기를 좋아한다는 것을 기억하라. 어린이들은 맨발로 뛰어다니며 놀기를 좋아한다. 우리는 모두 맨발로 백사장을 걷기를 좋아한다(그것은 가장 좋은 땅 밟기라고 알려져 있다). 왜냐하면 우리의 몸의 전기장이 땅의 전자기장에 의해 조화와 균형 상태를 이루게 되기 때문이다. 우리가 알든 모르든 말이다.

만일 내 뜻대로 할 수만 있다면, 나는 항상 맨발로 다니고 싶다. 땅 밟기는 특히 내가 시차가 큰 곳으로 출장을 갈 때 도움이 되었다. 내가 이것을 처음 실험해본 곳은 스위스였다. 나는 시차 적응이 어려운 편인데, 땅 밟기에 대해 들어왔지만, 별 관심이 없었다. 그런데 그 여행 때는 해봐도 손해 볼 것 없겠다는 생각이 들었다. 그래서 도착한 후, 매일 신을 벗고, 호텔 주변 풀밭을 돌아다녔다. 그러자 다른 장거리 여행 때보다 얼마나 더 컨디션이 좋아졌는지 놀랄 정도였다. 시차 문제가 약간 있었지만, 전처럼 심하지 않았다.

어떤 분들은 땅 밟기에 대해 회의적일 것이다. 그래도 괜찮다. 나는 항상 사람들에게 자신이 직접 해보고서 자기의 것으로 삼을지 말지 결정하라고 한다. 나는 책 마지막 부분에 있는 자료에 링크된 사이트 들어가 보기를 추천한다. 그래서 땅 밟기가 여러 건강 문제를 개선시킨다는 보고를 읽어보기 바란다. 이것은 최적의 건강을 성취하도록 돕는 최고의 디톡스 방법 중 하나가 될 것이다.

금식

금식은 오늘날 영적인 이유와 건강상의 이유로 전보다 더 보편화 되었다. 사람들이 감량이나 다른 건강 문제에 대해 금식을 어떻게 생각하느냐고 물어보면, 나는 금식 하나가 만병통치약이라고 믿지 않는다고 말한다. 나는 항상 우선 무엇보다도 당신의 몸의 소리를 경청하라고 조언한다.

빌과 내가 장기 금식을 했던 적이 있다. 나는 전에도 금식한 적이 있었지만, 며칠을 넘지 않았었다. 그래서 내 몸은 그런 장기 금식에 익숙하지 않았다. 나는 금식 21일째를 선명히 기억한다. 나는 우리 교회 행정실 건물에 들어가다가 몸이 무너지는 것을 느꼈다. 마치 나의 뇌와 몸이 작동을 완전히 멈춘 것 같았다. 마침 그때 사무실에 한 간호사가 있다가 나를 보더니 외쳤다. "당신의 몸을 어떻게 한 거예요?!" 내가 금식 중이라고 하자, 그녀는 내가 당장 먹어야 한다고 하면서 브로콜리와 흰쌀밥을 주어서 먹게 했다. 정말이지 그 밥과 브로콜리는 천국 같았다. 내가 그 경험에서 얻은 교훈은 나는 주스 금식이나 물 금식을 할 수 없는 체질이라는 것이었다. 나는 내 몸에 음식을 공급해줘야 한다. 요즘 나는 금식해야 한다면, "다니엘 금식"을 한다. 그것은 과일, 야채, 물만 먹는 것이다.

이제 금식이 보편화되다 보니, 다양한 종류의 금식 중에서 선택할 수 있다. 내가 관찰해보니, 사람들이 성공적으로 끝내는 몇 종류의 금식들이 있다. 이것들은 감량을 촉진할 뿐 아니라 몸에 총체적 디톡스 효과를 준다.

주스 클렌즈

주스 클렌즈는 가장 대중적인 금식이 되었다. 생과일과 야채를 주스로 만들면 그냥 먹는 것보다 비타민, 미네랄, 효소가 혈류에 더 빨리 들어간다.[10] 과일보다 푸른 채소를 주스로 만드는 것이 더 권장된다. 왜냐하면 과일은 혈당을 치솟게 할 수 있기 때문이다. 주로 과일 주스로 클렌즈를 하면 당 의존도가 생겨서 당을 찾게 되고, 금식 후에 가끔 과식하게 된다. 그것은 열심히 애쓴 후에 실망스러운 결과가 될 것이다.

물만 마시는 금식

이것은 더 파격적 금식이다. 물만 많이 마실 수 있다. 그러면 몸이 쉴 수 있어서 디톡스가 완전히 이뤄진다는 것이다.[11] 그러나 금식 초보자에게는 이것을 권장하지 않는다. 그리고 물만 마시는 금식을 하

---

10 — "1-2-3 Start Your Juice Feasting Cleanse! 1-2-3 주스 잔치 클렌즈를 시작하라." Raw Juice Guru, http://rawjuiceguru.com/juice-feasting-2/.

11 — "Water Fasting 물만 마시는 금식," All About Fasting, http://www.allaboutfasting.com/water-fasting.htm.

려면, 오염되지 않은 좋은 정수된 물만 마시라.

마스터 클렌즈

마스터 클렌즈도 파격적 금식이다. 대장에서 음식과 독소를 깨끗이 제거한다는 개념이다. 그 해법은 280그램의 물, 레몬주스 두 숟가락, 칼로리 보충을 위한 꿀이나 메이플 시럽 두 숟가락, 10분의 1 티스푼의 고춧가루를 섞은 물을 매일 6-12회 마시는 것이다. 어떤 사람들은 효과를 극대화하려고 아침저녁으로 배변촉진 차를 마신다. 마스터 클렌즈는 1-14일을 지속해도 된다. 그러나 항상 의사의 감독을 받아야 하고, 특히 장기 금식일 때는 더 그렇다.

다니엘 금식

이 클렌즈는 성경의 다니엘 이야기에 근거한다.

청하오니 당신의 종들을 열흘 동안 시험하여 채식을 주어 먹게 하고 물을 주어 마시게 한 후에 당신 앞에서 우리의 얼굴과 왕의 음식을 먹는 소년들의 얼굴을 비교하여 보아서 당신이 보는 대로 종들에게 행하소서 하매 그가 그들의 말을 따라 열흘 동안 시험하더니 열흘 후에 그들의 얼굴이 더욱 아름답고 살이 더욱 윤택하여 왕의 음식을 먹는 다른 소년들보다 더 좋아 보인지라[12]

이 배후의 개념은 다니엘의 패턴을 따라서, 과일, 야채, 물만 먹는 것이다. 많은 사람들이 영적이나 건강적인 이유로 이것을 하고서 그 가치를 인정했다. 내가 언급했듯이, 나는 이 금식을 한다.

주의: 금식 전에 의사와 상의하라. 특히 당뇨 등의 질환이 있다면 말이다. 또한 임신했거나 수유 중이라면 금식하지 말라. 또한 유의할 점은 디톡스가 병원의 진단과 치료를 대체할 수 없다는 것이다.

몸을 깨끗하게 유지하고 디톡스하는 것이 중요하다는 것은 아무리 강조해도 지나치지 않다. 음식을 사용해서 디톡스하든, 혹은 좋은 보충제를 사용하든, 이것을 삶의 한 부분으로 삼으라. 오장육부를 깨끗하게 유지하면, 당신의 몸은 효율적으로 일 잘하는 기계가 되어, 건강으로 가는 당신의 여정을 크게 도울 것이다.

---

12 — 다니엘 1:12 – 15.

영양 보충제

하나님의 본질 중에 내가 좋아하는 한 가지는 세부사항에 관심을 기울이신다는 것이다. 하나님이 대충 흘려 넘기시는 것은 아무것도 없다. 개인의 삶에서나 하나님이 땅과 모든 피조물들의 라이프사이클을 디자인하신 놀라운 방법 속에서 나는 그것을 거듭해서 본다.

자연 세계에서부터 우리 몸의 세포에 이르기까지, 우리는 하나님의 찬란한 탁월성과 솜씨를 본다. 어떻게 음식이 우리 몸의 필요를 충족시키도록 디자인되었는지 봐도 그렇다. 비타민과 미네랄 등의 영양소는 우리가 잘 기능하는 데 필수적이다. 사람들이 건강하게 살려면 보충제를 먹어야 하냐고 자주 물어본다. 나의 대답은 "아니오"다. 만일 당신이 영양분이 풍부한 식단을 따르고, 수분 섭취를 잘 하고, 잠을 잘 자고, 삶 속에 스트레스가 별로 없다면, 필요 없을 것이다. 이것은 웃자고 한 말이다. 왜냐하면 이 시나리오가 대부분의 사람들에게는 해당되지 않는다는 것을 우리 모두 알기 때문이다. 그것을 전제로 하고서, 또한 내가 정말로 믿는 것은 영양소의 대부분을 유기농 식품 섭취로 얻는 것이 중요하다는 것이다. 그러고 나서 나는 보조제를 건강한 삶의 유지를 위한 부가적 방법으로 사용한다. 만일 당신도 나처럼 바쁘다면 그것이 매우 중요하다.

이번 단락에서는 보충제들을 소개하고자 한다. 이것은 나의 몸을 최적의 건강 상태로 만드는 것을 도와준 제품들이다. 좋은 보충제를 찾으면서 내가 배운 한 가지는 수백 가지 종류 앞에 서면 헷갈린다는 것이다. 내가 따르는 대강의 큰 규칙은 과일이나 야채로 된 것, 인증된 유기농 제품으로 하고, 합성 비타민을 피하는 것이다. "합성 synthetic"이라는 단어는 "자연적으로 만들어지지 않고 인공적으로 만들어진 것"을 의미한다. 만일 당신이 값싼 비타민을 먹는다면, 합성 비타민일 가능성이 크다. 항상 라벨을 읽으라. 당신의 몸은 최고의 대우를 받아야 마땅하다. (한국에서는 synthetic을 종합 비타민이라고 하는 경우가 많으니, 확인하기 바란다-역주).

나의 한 친구는 대장 의사다. 그녀는 대변을 분석해서 소화계 건강을 파악한다. 그녀는 어떤 사람이 합성 비타민을 먹는지 식별할 수 있다고 말한다. 왜냐하면 몸이 그것을 분해하지 못하기 때문이다. 그래서 완전한 모양으로 그대로 통과해 나오는 경우도 있다. (그것이 합성 비타민을 복용하면, 돈을 변기에 쏟아버리는 것과 마찬가지라고 하는 이유다.)

어떤 보충제를 피해야 할지 알았으니, 이제 어느 것을 복용해야 하는지 알아보자. 명심할 것은 어떤 보충제든 식단에 추가하기 전에 당신의 건강관리 전문가와 상담하라는 것이다.

종합비타민

나는 좋은 유기농 종합비타민으로 시작하는 것을 권한다. 이것은 권장량의 비타민과 미네랄을 매일 공급해줄 것이다. 그것은 바쁜 사람, 운동을 많이 하는 사람, 저칼로리 식이나 비건·베지테리언 식단을 따르는 사람들에게 특히 유익하다.

오메가3

오메가3 지방산은 몸의 염증을 줄이는 데 효과적이다. 이것이 중요한 이유는 염증이 광범위한 질병과 연관되기 때문이다.[1] 오메가3는 생선유(연어 등), 크릴, 아마씨, 치아씨, 삼씨에 많이 들어있다. 생선유는 두 종류의 오메가3 지방산(EPA와 DHA[2])의 가장 흔한 공급원이고, 씨에서 나오는 기름들은 세 번째 종류의 오메가3인 알파리놀렌산[3]의 가장 좋은 공급원이다. 우리는 세 종류 모두가 다 필요하다. 좋은 유기농 생선유를 섭취하는 것이 중요하다(심해어가 더 좋다).

비타민 D

비타민 D는 칼슘, 마그네슘 등 중요영양소의 체내 흡수를 도와준다. 이 비타민이 부족하면 심각한 결과를 초래할 수 있다. 비타민 D 결핍의 증상들로는 다크서클, 우울감, 뼈가 쑤심, 소화 문제, 체중 증가 등이 있다.

이 비타민이 결핍될 수 있는 이유는 야외 활동을 충분히 하지 않고, 하더라도, 강한 화학적 선블록 제품을 써서, 몸이 햇빛을 받아서 비타민 D를 생성하는 자연적 능력을 차단하기 때문이다. 나는 이것을 어렵게 깨닫게 되었다. 건강관리를 위해 내가 아는 한 모든 것을 다 하며 올바른 음식을 먹고 운동을 했지만, 뭔가 여전히 "잘못된" 것을 감지할 수 있었다. 마침내 나는 나의 자연요법 의사를 찾아갔고, 의사는 혈액 검사를 해서 내가 비타민 D 결핍이 심하다는 것을 알아냈다. 그것 때문에 나의 몸은 건강한 식단을 통해 내가 공급해주는 모든 영양소들을 흡수하지 못하고 있었던 것이다.

우리 몸은 햇빛과 음식(주로 동물성)으로부터 비타민 D를 얻도록 디

---

1 — "Inflammation (Chronic) 만성 염증," Life Extension, http://www.lef.org/protocols/health-concerns/chronic-inflammation/page-01.

2 — eicosapentaenoic acid (EPA) and docosahexaenoic acid (DHA).

3 — a-linolenic acid (ALA).

자인되었다.[4] 선블록 제품을 사용하지 말라는 말이 아니라, 지혜롭게 사용하라는 말이다. 예를 들어, 피부를 손상시키지 않으면서 햇빛을 이용하는 최고의 방법은 이른 아침에 야외에 나가는 것이다. 하루 중 그 시간에는 자외선이 강하지 않아서 햇빛을 받으며 앉아, 몸이 비타민 D를 자연적으로 섭취하도록 10-15분 정도 있을 수 있다. 팔다리와 얼굴을 모두 노출시키라. 왜냐하면 거기가 가장 잘 흡수하는 부위이기 때문이다. 그것은 멜라토닌 수준도 조절해준다. 멜라토닌은 건강한 수면 패턴 유지를 돕는다.

유산균

유산균은 소화와 장의 전반적 건강을 돕는다. 약과 항생제는 장의 좋은 세균들도 죽일 수 있어서 소화 문제를 일으킬 수 있다. 그러므로 항생제를 투약한 후에는 좋은 유산균을 먹어서, 파괴된 좋은 세균을 늘리는 것이 좋다. 나는 유산균이 나에게 필수라고 느껴서 매일 먹고 있다. 유산균 보충제 외에, 식품으로부터도 유산균을 공급받을 수 있다. 가령 요구르트, 케피어(우유를 발효한 음식-역주), 콤부차(차와 진균, 효모 등을 결합해 발효시키는 전 세계적 건강 트렌드 음료-역주) 등이다. 콤부차는 내가 식단에 추가하는 좋은 유산균이다.

효소

효소는 우리를 건강하고 행복하게 한다. 우리가 먹는 음식을 분해하여 우리 몸이 영양소를 흡수해 사용할 수 있게 해주기 때문이다. 다시 말해서, 효소는 우리의 신진대사를 건강하게 해준다.[5] 모든 생식품에는 효소가 있지만, 가열하여 요리하면 효소가 급격히 줄어들거나 때로는 완전히 제거된다. 음식에서 효소가 제거되거나 줄어들면, 우리 몸은 음식을 소화하기가 어렵다. 효소는 자연의 24시간 풀가동 노동력이다. 효소가 없으면 생명이 거의 불가능하다고 할 수 있다.[6] 나는 하루 종일 효소를 충분히 섭취하도록 "생" 식품이나 보충제를 통해 주의를 기울인다. 나는 효소를 한 병 가지고 다니면서 매끼 식사 전마다 먹는다. 가령 요리된 스테이크는 "죽은 음식"으로 간주된다. 효소가 없어서 소화되기가 어렵기 때문이다. 그러므로 저녁으로 티본스테이크를 굽는다면, 샐러드나 효소 보충제를 함께 먹으라.

우리의 효소의 약 절반이 소화에 사용되므로, 효소가 부족하면 몸

---

4 — "Vitamin D 비타민 D," U.S. Department of Health & Human Services, 2014년 11월 10일, http://ods.od.nih.gov/factsheets/VitaminD-HealthProfessional/.

5 — Bo Wagner, "21 Benefits of Enzymes and Why You Need Them 효소의 21가지 효능과 왜 당신에게 필요한가," Generation Rescue, 2012년 5월 18일, http://www.generationrescue.org/latest-news/nutrition/21-benefits-of-enzymes-and-why-you-need-them/.

6 — "Food Without Enzymes? 효소 없는 음식?" European Food Information Council, 2006년 6월, http://www.eufic.org/article/en/expid/review-food-without-enzymes/.

이 소화에 필요한 효소를 다른 필요한 기능들로부터 끌어온다고 한다. 그러므로 몸에 효소가 부족하면, 면역체계가 약화될 수 있다.[7] 그래서 나는 항상 좋은 유기농 효소 보충제에 투자하라고 권한다. 그것은 몸의 건강 증진을 돕는다.

가정 식단

나는 보통 주방에 있는 음식 중에서 좋은 처방을 찾는다. 이것들은 건강한 라이프스타일을 향한 여정에서 내게 유익했다.

강황

강황이 특별한 음식에 향미를 더해줄 뿐 아니라, 건강에도 효능이 크다는 것을 아는가? 강황은 항암작용, 관절염 완화, 당뇨병 조절, 콜레스테롤 수치 저하, 건강한 면역체계와 소화계 증진, 체중조절 등의 효과가 있다. 또한 알츠하이머와 간암 예방도 한다.[8]

미국 화학 협회의 저널에 따르면, 강황은 항산화, 항바이스러, 항박테리아, 항곰팡이, 항암유발인자, 항돌연변이유발인자, 항염증 성분이 들어있다. 또한 단백질, 식이섬유, 니아신, 비타민 C, 비타민 E, 비타민 K, 나트륨, 칼륨, 칼슘, 구리, 철분, 마그네슘, 아연을 함유한다.

강황은 지용성이다. 즉 녹으려면 기름이 필요하다. 그러므로 강황을 먹을 때, 지방을 같이 섭취하면 좋다. 강황을 보충제로 섭취한다면 생선유나 올리브유를 같이 섭취할 수 있다. 그러면 몸에 잘 흡수되어 그 효능을 다 누릴 수 있다.[9] 생강이나 검은 후추가 강황의 흡수를 돕는다는 말도 있다.[10] 나는 생강이 첨가된 강황 보충제를 먹는다.[11] 우리는 이 강력한 향신료로부터 여러모로 효능을 얻는다. 요리든, 음식에 덧뿌리든, 캡슐로 먹든 말이다.

사과 사이다 식초

사과 사이다 식초(ACV)는 전 세계적으로 오랜 세월 주방에서 이용되어 왔고, 이제 그 효능으로 유명해지고 있다. ACV는 발효된 사과로 만들어진다. 발효된 음식은 효소가 풍부하기 때문에 건강에 좋다.

---

7 — "Digestion Problems & the Immune System 소화 문제와 면역체계," Benjamin Associates, http://immunedisorders.homestead.com/digestion.html.

8 — "10 Benefits of Turmeric 강황의 10가지 효능," Top 10 Remedies, http://www.top10homeremedies.com/kitchen-ingredients/10-health-benefits-of-turmeric.html/3.

9 — Elizabeth Renter, "How to Optimize Turmeric Absorption for Super-Boosted Benefits 최적의 강황 섭취로 효능을 극대화하는 방법," Natural Society, 2013년 9월 17일, http://naturalsociety.com/turmeric-absorption-super-benefits-black-pepper/.

10 — "Apple Cider Vinegar for Health and Well Being 건강과 웰빙을 위한 사과 사이다 식초 (ACV)," Earth Clinic, 2015년 5월 4일, http://www.earthclinic.com/remedies/acvinegar.html.

11 — "Organic India Turmeric, 90-Count 유기농 인도 강황, 90정," Amazon, http://www.amazon.com/dp/B000YC70XY/ref=sr_ph?ie=UTF8&qid=1417654931&sr=1&keywords=organic+turmeric.

효소는 우리 몸이 음식을 분해해 영양소를 흡수하게 돕는다.

한 친구가 소화기능에 문제가 있었다. 그는 어떻게 해야 할지 몰라서 하나님께 여쭤보았다. 그는 사과 사이다 식초를 소량 식단에 더하라고 하시는 것을 느꼈고 그렇게 했다. 이유는 몰랐지만 말이다. 나는 그 친구를 잘 알기에 ACV가 소화를 돕는다는 것을 그가 정말로 전혀 몰랐다는 것을 안다. 얼마나 놀라운 간증인가! 그는 하나님의 인도를 신뢰했다. 나는 그에게서 이 이야기를 듣고 기뻤다. 왜냐하면 하나님이 태초부터 자연적인 식품에 치료성분을 주셨을 뿐 아니라, 우리가 하나님의 조언을 구하면, 건강을 향한 이 여정을 인도하신다는 것을 보여줬기 때문이다. 기억하라! 예수님과 파트너가 되어야 한다!

ACV의 두드러진 성분으로는 수용성 섬유질인 펙틴, 비타민 A, 비타민 B6, 비타민 C, 비타민 E, 리보플라빈, 니아신, 판토텐산, 베타카로틴, 리코펜이 있다. 또한 나트륨, 인, 칼륨, 칼슘, 철분, 마그네슘 등의 미네랄들도 함유한다. 어떤 사람들은 ACV가 소화계와 순환계의 기능을 개선하고 효율적으로 만들어준다고 믿는다.[12]

ACV를 섭취할 때, 약 30그램을 직접 마시거나(주의할 점은 많은 사람들이 그렇게 하기가 어려울 것이라는 것이다. 왜냐하면 매우 맛이 강하기 때문이다) 30그램을 따뜻한 물에 생 벌꿀과 타서 강한 맛을 줄일 수 있다. 반드시 파스퇴르 처리 되지 않은 유기농 생 ACV로서 "균모"가 그 안에 남아 있는 것이어야 한다. 끈끈한 잔여물이 병 바닥에 보여야 한다. 단백질, 효소, 유익한 박테리아가 거기 있다.[13]

기름으로 입가심하기

기름 입가심은 옛날부터 있어온 방법인데, 최근에 다시 대두되었다. 구강 건강에 이롭기 때문이다. 그 방법은 식물성 기름으로 입을 15-20분 동안 헹구는 것이다. 매일 아침 그렇게 하는 것을 권장한다. 나는 일주일에 몇 번 한다. 기름 입가심 방법은 다음과 같다.

1단계: 1-2 티스푼의 기름을 입에 머금는다. 나는 유기농 코코넛유를 추천한다. 항박테리아 성분이 있기 때문이다. 코코넛유는 차가운 상태에서 굳는 성질이 있으므로 고체 상태 그대로 떠서 입에 넣으라. 그러면 곧 녹는다.

2단계: 20분 동안 입안을 헹구라. 긴 시간이지만, 그것이 중요하다. 기름이 프라그와 박테리아에 침투해야 하기 때문이다. 그러나 나는 20분을 넘기지는 않는다. 방출된 박테리아를 머금고 있으면 위험할 수 있기 때문이다. 좀 지나면 기름이 크림처럼 혼탁해진다. 그것은 효과가 있다는 징후다.

3단계; 기름을 쓰레기통에 뱉으라. 삼키거나 싱크대에 붓지 말라.

4단계: 따뜻한 물로 입안을 헹구고 양치질을 잘 하라. 물은 남은

---

12 — Earth Clinic, "Apple Cider Vinegar 사과 사이다 식초."

13 — Kris Gunnars, "6 Proven Benefits of Apple Cider Vinegar 사과 사이다 식초의 6가지 입증된 효능," Authority Nutrition, http://authoritynutrition.com/6-proven-health-benefits-of-apple-cider-vinegar/.

기름을 씻어낸다.[14]

여행용 보충제

그동안 사역을 하느라 여러 곳으로 다녀야 할 때, 내가 힘들게 시행착오를 거치며 배운 것이 있다. 그것은 면역체계와 소화계를 잘 유지하는 것이 매우 중요하다는 것이다. 오랜 세월 동안, 나는 시차, 변비, 피로, 몸이 정상 상태에서 벗어났다는 전반적인 불편한 느낌 때문에 힘들었다. 그래서 내가 여행 중에 섭취하는 보충제들에 대해, 내가 배운 것을 나누고자 한다.

* 유산균: 좋은 유산균을 발견한 것은 말로 다 표현할 수 없을 정도로 내게 큰 도움이 되었다. 이 장의 앞에서 유산균에 대해 이미 다뤘다. 그러나 장을 튼튼히 하는 것의 중요성은 이루 다 말할 수 없다. 특히 객지로 여행 중일 때 말이다. 다른 때는 아니더라도, 타지로 오가는 중일 때는 꼭 섭취를 고려해보기 바란다. 이것은 다른 지역에 갔을 때 물과 음식을 통해 접촉할지 모르는 병균이나 세균과 싸우게 돕는다. 특히 개발도상국으로 갔을 때 그렇다.
* 내추럴 캄Natural Calm: "항스트레스 음료"로 알려진 이 상품은 여행할 때만이 아니라 집에 있을 때도 여러 번 나를 구해줬다.[15]

이것은 두 가지 효과가 있다. 첫째로, 마그네슘을 함유하여 규칙적 배변을 하게 한다. (이것은 중요하다. 변비는 좋은 여행을 망친다.) 둘째로, 칼슘의 좋은 공급원이다. 칼슘은 근육과 뼈 건강에 중요하다. 나는 권장량을 잠자리에 들기 직전에 따뜻한 물에 넣어 마신다. 참고로, 변비가 있는 사람이라면 스탠더드 프로세스에서 나온 자이팬Zypan도 좋다. 나는 과거에 그것을 섭취해보았는데 나에게 효과가 컸다.

* 클로로필: 이것은 치료 효과가 큰 놀라운 상품이다. 이것은 "슈퍼푸드"로 알려져 있다. 효능이 많기 때문이다. 강한 항산화제이기도 하다. 활성 산소를 제거하여 세포를 건강하게 한다. 그리고 독성 금속과 발암물질을 제거하여 몸의 클렌징을 돕는다.[16]

* 섬유질: 나는 건강한 섬유질의 공급원으로, 주로 식품을 이용하지만, 좋은 보충제들도 많다. 나는 항상 출장을 갈 때는 유기농 사과를 많이 가져간다. 나는 호텔 방에 뭐가 필요하냐고 누가 물어보면, 항상 유기농 사과를 달라고 부탁한다. 나는 포장된 과일

---

14 — Katie, "Oil Pulling for Oral Health 기름으로 입가심하기의 효능, Wellness Mama, http://wellnessmama.com/7866/oil-pulling-for-oral-health/.

15 — "Natural Calm 내추럴 캄," Natural Vitality, http://naturalvitality.com/natural-calm/.

16 — Edward Group, "10 Amazing Benefits of Chlorophyll 클로로필의 놀라운 10가지 효능," Global Healing Center, 2014년 6월 6일, http://www.globalhealingcenter.com/natural-health/10-amazing-benefits-of-chlorophyll/.

레더(과일을 으깨고 삶은 다음 얇게 펴서 말리는 것-역주)도 사가지고 간다. 휴대가 간편하고, 많은 섬유질을 포함하기 때문이다.

* 효소: 앞서 효소의 중요성을 살펴보았지만, 특히 출장 중에 효소를 가져가는 것이 중요함을 아무리 강조해도 지나치지 않다. 효소는 소화를 돕기 때문에 식사 때마다 먹어야 한다.

* 멜라토닌: 이것은 자연적으로 생기는 호르몬으로서 수면과 기상 사이클을 관장한다.[17] 나는 특히 출장 중에 이것을 섭취하여 시차 적응을 돕는다. 시차는 수면 사이클을 엉망으로 만든다. 출장 중에 휴식을 잘 취하지 못하면 누구라도 컨디션이 안 좋을 것이다. 나는 잠자리에 들기 직전에 어두운 데서 이것을 먹는다. 당신이 출장 가기 전에 집에서 먹어보아서 효과가 있는지 확인해보기 바란다. 또한 절대로 권장량 이상으로 먹지 말라. 내가 너무 많은 멜라토닌을 섭취했을 때, 나는 정말로 이상한 꿈을 꾸었다.

나는 멜라토닌 외의 다른 여행용 보충제들은 집에서도 섭취한다.

---

17 — "Melatonin and Sleep 멜라토닌과 수면," National Sleep Foundation 미국 수면 재단, http://sleepfoundation.org/sleep-topics/melatonin-and-sleep.

운동선수를 위한 보충제

내가 시행착오를 거쳐 가면서 힘들게 배운 것이 있다. 운동을 열심히 할 때, 잃어버린 몸의 영양소를 보충해주고 전해질 균형을 회복시켜주어야 한다는 것이다. 나는 혈액 검사를 받고 나서야 이런 진단을 받았다. 내가 내 몸을 고갈시켰고, 세포 수준에서 탈수 현상이 일어나고 있었다. 다른 많은 운동선수들이 섭취하는 보충제를 섭취하고 나서야, 내 몸이 회복되었고, 나는 컨디션이 훨씬 좋아졌다.

* 오메가3 지방산(생선유): 생선유는 운동선수들에게 좋다. 왜냐하면 항염증 성분이 강하기 때문이다.
* 비타민 B군: 비타민 B는 에너지 수준과 신경전달물질 공동인자를 증가시킨다. 그래서 기분을 나아지게 하고 자연적 해독이 이뤄지게 한다. 그것은 운동 후에 필요하다. 근육을 구축하고 복구하는 과정(단백질 처리과정)은 비타민 B를 고갈시킨다. 그래서 역기를 들거나 일로 근육질을 손상시킨다면, 비타민 B를 추가로 섭취하여 근육 재건을 도와야 한다.
* 마그네슘: 이것은 운동선수들에게 결정적으로 중요하다. 심장 박동을 규칙적으로 만들어서, 근육이 적절히 수축하고 이완하게 하고, 혈압을 감소시키며, 화합물 ATP(아데노신 3인산염)을 작동시키기 때문이다.

* 단백질: 단백질은 근육 구축제다. 그러므로 특히 역기 운동 후에 필요하다. 왜냐하면 역기 운동은 근육조직을 찢어놓아서, 복구가 필요하기 때문이다. 만일 훈련 10분 안에 단백질을 섭취하면, 스트레스 호르몬(주로 코르티솔) 배출양이 줄어든다.

* 비타민 C: 운동 중과 후는 비타민 C 섭취에 최적의 때다. 왜냐하면 콜라겐 구축과 근육 조직 복구를 돕기 때문이다. 그래서 트레이너들은 운동 직후에 오렌지를 먹으라고 권장한다. 어떤 사람들은 운동선수들에게 하루에 최소 4,000-8,000밀리그램, 최대 16,000밀리그램을 먹으라고 조언한다.

* 코엔자임 큐텐(CoQ10): 심한 훈련을 하거나 스타틴계 약을 복용하는 사람은 누구든지 코엔자임 큐텐을 복용해야 한다. 그 목적을 위해 가장 유용한 코엔자임 큐텐은 유비퀴논이다(유비퀴놀과 혼동하지 말라. 그것은 피에 들어가서 항산화제 역할을 하지만, 세포에 들어가서 에너지 생산을 돕지는 않는다). 많은 사람들이 심장을 위해 이 보충제를 복용하지만, 이것은 운동선수들의 회복에도 좋다. 에너지 생산을 증가시키기 때문이다. 나는 이것을 밤에 섭취하는 것은 권장하지 않는다.[18]

* L-글루타민: 글루타민은 중요하다. 신체에 가장 많은 아미노산이고[19] 골격근의 61퍼센트 이상에서 발견되기 때문이다.[20] 근육에서 이것이 생산되면, 우리 몸은 이것을 가장 필요한 기관들로 보낸다. 그래서 격심한 운동 후에 글루타민 수준이 고갈될 수 있다.

그러면 이어서 에너지, 스태미나 수준이 떨어지고, 회복 시간이 더 걸린다. 글루타민은 지방 대사와 새 근육의 성장을 돕는다. 나는 보통 2,000밀리그램을 캡슐로 복용한다. 파우더로 섭취할 수도 있다.

* 케르세틴: 케르세틴은 강력한 항산화제, 항염증제, 항히스타민제이며 혈액과 심장 증상, 고 콜레스테롤, 심장병, 순환계 문제를 치료하는 데 사용된다. 또한 당뇨병, 백내장, 꽃가루병, 소화성 궤양, 정신분열증, 염증, 천식, 통풍, 바이러스 감염, 만성 피로 증후군, 암, 전립선의 만성적 감염을 예방하고 치료하는 데도 사용된다. 케르세틴은 운동선수의 지구력을 늘리고 성과를 개선하는 데도 사용된다.[21] 식품으로는 케일, 브로콜리, 아스파라거스에 들어있고 보충제로 복용할 수도 있다.

* 강황과 생강: 이것은 운동선수들이 많이 섭취하는 보충제 중 하

---

18 — Michele Vieux, "Top 7 Supplements for Athletes 운동선수를 위한 7대 보충제," CrossFit Invictus, http://www.crossfitinvictus.com/blog/top-7-supplements-for-athletes/.

19 — Jennifer Nall, "What Does Glutamine Do for Your Muscles? 글루타민이 당신의 근육에 미치는 영향은?" Livestrong.com, 2014년 1월 15일, http://www.livestrong.com/article/440157-what-does-glutamine-do-for-your-muscles/.

20 — David Galanis, "The Benefits of Glutamine 글루타민의 효능," Bodybuilding.com, 2015년 3월 17일, http://www.bodybuilding.com/fun/glutamine.htm.

21 — "Quercetin 케르세틴," WebMD, http://www.webmd.com/vitamins-supplements/ingredientmono-294-quercetin.aspx?activeingredientid=294&activeingredientname=quercetin.

나다. 왜냐하면 염증이 보디빌더와 다른 많은 운동선수들에게 정말 큰 문제이기 때문이다. 이 두 가지 허브가 그것을 줄이는 효과가 크다. 주스로 만들어서 자연적인 형태로 섭취할 수도 있고 보충제로 섭취할 수도 있다.

* 피트에이드FitAid: 나는 최근에 헬스장에서 이 음료수를 알게 되어서 매일 마시고 있다. 운동 중이나 후에 모두 마실 수 있다. 이 음료수는 유기농이고 글루타민, 비타민 B 복합체, 녹차 추출물, 비타민 C, D, E, 관절에 좋은 글루코사민, 아미노산/BCAA, 근육 스태미나를 위한 전해질, 코엔자임 큐텐, 오메가3, 강황, 케르세틴을 함유하고 있다. 이 음료수는 앞서 언급한 대부분의 보충제를 함유하고 있어서 몸의 회복을 돕는다.

다른 많은 보충제들도 시중에 나와 있으니 두루 사서 무엇이 당신에게 효과가 있고 없는지 알아볼 수 있다. 다시 한 번 말하거니와, 섭취해보기 전에, 항상 당신의 건강관리 전문가와 상의하라.

제 5 장

부신과 갑상선의 건강

오직 여호와를 앙망하는 자는 새 힘을 얻으리니 독수리가 날개치며 올라감 같을 것이요

달음박질하여도 곤비하지 아니하겠고 걸어가도 피곤하지 아니하리로다

• 이사야 40:31 •

제목과는 달리 이 장은 부신이나 갑상선에 문제가 있는 사람들만을 위한 것이 아니다. 그것이 아니라, 나는 우리들 중 많은 사람들에게 매우 익숙한 주제를 다루려고 한다. 그것은 스트레스다. 우리의 문화가 우리의 삶을 극도로 분주하게 했고, 바쁜 것을 멋있어 보이게 해서, 상황은 쉽지 않다.

모든 스트레스가 다 나쁜 것은 아니다. 때로 스트레스는 우리에게 동기를 부여하고, 중요한 목표들을 성취하게 만든다. 스트레스가 우리를 주무르는 게 아니라, 우리 삶의 스트레스를 잘 관리하는 것은 필수적으로 중요하다. 첫째로, 나는 두 종류의 스트레스를 구분하고자 한다. 급성 스트레스와 만성 스트레스다. 급성 스트레스는 매일의 단기적 스트레스로서, 가령 교통 정체, 단시간 내 저녁 차리기, 출근 시간 맞추기 등등 때문에 생긴다. 급성 스트레스는 왔다가 사라지며, 대부분 다루기가 간단하다.

그러나 만성 스트레스는 우리가 정말로 피하고 싶은 것이다. 라일 H. 밀러Lyle H. Miller 박사와 알마 델 스미스 Alma Dell Smith 박사는 만성 스트레스를 이런 상태라고 말한다. "한 사람이 불행한 상황에서 벗어날 방법을 알지 못한다. 끊임없는 요구와 압력이 끝이 없어 보이는 기간 동안 있어서 스트레스를 받는다. 그 사람은 희망을 잃고 해결책을 찾기를 포기한다."[1] 이런 종류의 스트레스는 극도로 탈진시키고 심지어 치명적일 잠재성마저 있다. 연구에 따르면, 장기적, 만성적 스트레스 하에 있으면, 당신의 몸은 위협을 받는다고 생각해서 그 반응으로 주요 장기들의 기능을 멈추기 시작한다. 그것은 신경계와 면역체계, 내분비계, 위장 계통이다. 그런 방법으로 해서 몸은 에너지를 보존해서 공격에 대항하려고 한다. 물론 이것은 병, 기억력 상실, 암, 우울, 불면증, 그 외 여러 증상들로 이어질 수 있다.[2]

건강을 위해서 필수적으로 중요한 것은 만성 스트레스를 어떻게 관리할지 아는 것이다. 이 장에서 내가 건강을 되찾기까지의 여정의 일부를 나누고자 한다. 내 삶의 만성적 스트레스로부터 어떻게 회복되었는지 당신에게 보여주고자 한다.

우리 부부는 사역을 위해 전 세계로 많이 다녀야 했다. 나는 평균적으로 1년에 4-5회 해외 출장을 간다. 그것은 일반적으로는 연중에 걸쳐 분산되어 있어서 내 몸이 감당할 만하다. 그러나 2009년에는 내가 새로운 기록을 수립했다. 5월에 이미 나는 비서와 다섯 번의 해외 출장을 다녀왔다. 나는 에너지 수준이 너무 떨어져서 그녀에게 말했다. "이젠 더 못할 것 같아." 나는 집에 돌아온 후, 의사와 약속을 잡았다. 의사는 나의 증상을 듣고 침 검사를 한 후에, 부신 피로라고 진단을 내려줬다. 나는 그 전까지 그것이 뭔지 한 번도 들어본 적이 없

---

1 — Lyle H. Miller and Alma D. Smith, "Stress: The Different Kinds of Stress 스트레스: 여러 종류의 스트레스," American Psychological Association 미국 심리학 협회, http://www.apa.org/helpcenter/stress-kinds.aspx.

2 — "tress Effects 스트레스 효과," The American Institute of Stress 미국 스트레스 연구소, http://www.stress.org/stress-effects/.

었던 터라, 좀 질문을 했다. 마침내 그가 나를 보고 말했다. "베니, 만일 당신이 휴대폰이라면, 한 달을 충전해도 완전히 충전이 되지 않을 거예요." 나는 그의 말에서 심각성을 느꼈다.

나는 너무 피로했고, 사소한 일을 하는 데도 큰 노력이 필요했다. 장거리 여행, 출장, 강연 일정, 좋은 음식 결여, 불량한 수면이 마침내 나를 덮쳐서 나는 값을 치르고 있었다. 나는 만성적으로 스트레스를 받고 있었다.

부신이 피로와 무슨 상관이 있을까? 자, 부신은 작은 내분비선으로서 신장 바로 위에 있다. 부신은 우리 몸이 스트레스에 대응하도록 돕는다. 그래서 코티솔을 분비하는데, 그것은 우리 몸의 대응의 균형을 잡아주는 호르몬이다. 건강한 부신은 적정량의 코티솔을 분비하지만, 건강하지 못한 부신은 코티솔을 너무 많이 생성하거나 부족하게 생산한다. 우리 몸의 다른 장기나 근육처럼, 부신이 과부하되면 마침내 제 기능을 다하지 못하게 된다.

내가 설명하겠다. 당신이 아침에 일어나서 커피 한두 잔을 마시지만 여전히 피곤하다. 당신은 오전 10시까지 가사 상태다. 그러다 갑자기 마침내 커피가 효력을 발휘하듯이, 당신은 몇 시간 동안 생산적이고 에너지가 넘친다. 당신은 그 에너지가 지속될 것을 바라면서 하루를 계획한다. 그러나 2시 무렵에 무너진다. 당신은 책상에 앉아 눈을 뜨려 애쓴다. 당신은 커피를 또 마시지만, 단지 당신의 차로 걸어가는 일에도 에너지를 그러모아야 한다. 당신은 다음 몇 시간 동안 흐릿한 상태이고 집중력이 떨어진다. 생각이 멍하고 지금 당신에게 매력적인 것은 당신의 침대뿐이다. 당신은 집에 가서 오늘밤만은 일찍 자리라 다짐하며, 저녁 식사를 준비한다. 그러다 오후 6시 무렵에 극도의 피곤이 사라진 것 같아서 갑자기 당신은 빨리 자려고 서둘지 않게 된다. 탈진과 에너지 분출의 사이클이 반복된다. 오전 9시에는 탈진했다가, 밤 11시에는 다시 에너지가 넘친다. 하루를 힘들게 보낸 후, 당신은 마침내 새벽 1시에서야 잠자리에 든다. 꼭 당신의 이야기 같은가? 부신 피로의 증상들은 다음과 같다.

* 매일 에너지 분출과 피로의 사이클이 반복된다.
* 당과 지방 함량이 높은 음식을 먹고 싶어 한다.
* 폐경 후 증후군, 폐경기 증상
* 가벼운 우울증
* 에너지 부족
* 스트레스 관리 능력 저하
* 근육 약화
* 알레르기 반응 심화
* 현기증: 앉아 있다가 일어설 때
* 성욕 감퇴
* 자주 한숨을 쉼
* 지방과 단백질을 함께 먹지 않으면 칼륨이 많은 음식을 감당하

지 못한다.

나는 만성 스트레스로 시달리고 있었다. 내 몸이 나에게 뭔가 말하려 하고 있었다. 내 몸이 나에게 삶의 속도를 좀 늦춰달라고 호소하고 있었다. 나는 이메일을 확인하는 것마저 버거워졌다. 나의 비서로 인해 하나님께 감사한다. 그녀는 내가 질 수 없는 짐을 질 수 있게 해주었다.

나는 내 삶과 스케줄을 전면적으로 조정해야만 했다. 첫 단계는 나의 일정을 비우는 것이었다. 힘들지만, 나는 강연 요청을 거절하기 시작했다. 내 몸에 더 많은 스트레스를 주는 것을 피하기 위해서였다. 나는 귀가 후 잠옷을 입고 빈둥거려도 된다고 나 자신에게 말하고 그것을 허용했다. 나는 극도의 바쁜 삶에 익숙해져서 그렇게 하는 것은 나에게 어려운 단계였다. 나는 죄책감 없이 나 자신을 쉬게 하는 것이 나의 회복에 중요하다는 것을 알았다. 그리고 또한 나는 수면을 우선순위로 삼기 시작했다. 부신 피로 이론을 지지하는 사람들은 아침 9시까지 자야 한다고 말한다. 그것이 어떤 사람들에게는 우습게 들릴 것이다. 아이들, 직장, 그 외의 다른 일들 때문에 그렇게 늦게까지 잘 수 없는 타당한 이유들이 있는 사람들이 있다. 그러나 이 개념은 하루에 최소한 여덟 시간을 숙면하라는 것이다. 왜냐하면 잠이 부신 피로로부터 회복되는 데 결정적으로 중요하기 때문이다.

웃음이 최고의 명약이라는 말을 들어보았는가? 로마 대학교(Loma

University)의 연구에 따르면, 그것은 사실이다! 그들은 사람들을 두 집단으로 나누어서 침을 검사했다. 그러고 나서 한 집단은 20분 동안 침묵하며 앉아 있게 했고, 다른 집단은 재미있는 비디오를 시청하게 했다. 그러고 나서 다시 침을 검사했다. 그리고 기억력도 검사했다. 재미있는 비디오를 시청한 집단의 기억력이 43퍼센트 증가했고, 코티솔 수준도 현저히 떨어졌다. 조용히 앉아 있던 집단은 기억력이 20퍼센트만 증가했고 코티솔 수준도 조금만 떨어졌다.[3] 웃음은 치유를 일으키고, 뇌 속의 "행복 호르몬" 엔돌핀을 작동시킨다. 나는 그것을 명심하고서 웃으려고 노력했다. 나는 〈아이 러브 루시〉와 〈앤디 그리피스 쇼〉 등의 건강하고 깨끗한 시트콤들과 재미있는 영화를 보기 시작했다.

나는 또한 나 자신의 영양과 신체를 관리하기 시작했다. 부신이 우리의 정서적, 정신적 스트레스를 관장할 뿐만 아니라 식단과 운동에서 오는 신체적 스트레스도 관장하므로, 부신 피로로부터 회복하는 동안에는 운동과 식단을 가볍게 하는 것이 중요하다. 걷기와 스트레칭은 모두 몸에 많은 스트레스를 초래하지 않으면서 운동하는 좋은 방법들이다. 또한 나는 식단에 양질의 고기를 충분히 포함했고, 특히

---

3 — Yagana Shah, "New Study Proves that Laughter Really is the Best Medicine 새로운 연구로 웃음이 정말 명약이라고 증명되다," Huffington Post, 2014년 4월 22일, http://www.huffingtonpost.com/2014/04/22/laughter-and-memory_n_5192086.html.

풀만 먹은(Grass-finished) 유기농 쇠고기를 포함했다. (풀만 먹은 소는 평생 옥수수를 먹지 않은 것이다.)

마지막으로 나는 예배했다. 나는 예배가 나의 영과 혼을 하나님께 정렬시킨다는 것을 알았다. 또한 예배가 내 몸을 천국과 정렬시킨다고 믿는다. 왜냐하면 우리는 삼위일체적 존재로서, 몸, 정신, 영이 모두 하나이기 때문이다. 나는 하나님의 임재 안에 있는 것이 정말로 내 몸을 치유함을 경험했다. 우리 교회에 말씀을 전하러 왔던 한 친구가 생각난다. 그 당시에 그녀는 심각한 건강 문제가 있었다. 그런데 그녀는 말씀을 전하면서 몇 분마다 잠깐씩 멈추는 것 같았다. 나는 예배 후에 그것이 뭐였는지 물었고 그녀는 "보이지 않는 시계"[4]라는 것을 보여주었다. 유럽의 한 의사가 그의 암 환자들에게 그것을 추천했다고 한다. 그는 그 기계를 십 분마다 진동하게 설정하라고 했다. 그리고 진동할 때마다 그들은 하나님을 예배했다. 나는 그것이 대단한 아이디어라고 생각했다. 우리는 분주한 삶에 얽매여 하나님과 대화하기를 잊기 일쑤다. 이 보이지 않는 시계는 우리 마음이 하나님을 공경하도록 자세를 갖추게 일깨워준다. 나도 즉시 하나를 사서 매일 착용하며 예배하기 시작했다. 약 3주 후에, 아침에 일어난 내가 가장 먼저 느낀 것은 얼마나 내 몸의 컨디션이 좋아졌는가였다.

---

4 — "The Invisible Clock-II 보이지 않는 시계-II," Time Now, Inc., http://www.invisibleclock.com.

내가 의식하지 못했지만, 나는 그동안 약간 침체되어 있었다는 것을 깨달았다. 그것은 많은 사람들이 겪는 만성 우울증이 아니라, 과로와 탈진에서 오는 덜 심각한 종류의 우울증이었다. 그런데 내가 매일 예배하려고 의식적으로 노력하자 나의 영과 혼이 정렬되었고, 나의 몸도 곧 뒤따랐다.

내가 그것을 약 1년 정도 하고 나자 정말로 효과를 보고 컨디션이 나아지기 시작했다. 1년이 긴 시간 같아보이지만, 우리는 이 여정에서 인내해야 한다. 현대의 즉각적 만족 추구 문화는 빠른 결과를 원하게 우리를 훈련시켰지만, 하나님은 우리를 과정이 필요한 존재로 창조하셨다.

부신을 새롭게 만들기

당신이 부신 피로를 겪고 있다면, 어떡해야 할지 알고 싶을 것이다. 어떤 종류의 질환이든 질환을 다루는 것은 버거울 수 있으므로 기초적이고 실용적인 조언들을 제공하여 당신이 회복될 뿐 아니라, 전반적인 삶의 질이 향상되도록 돕고자 한다.

* 쉬라: 쉼은 회복에 필수적이다. 가능할 때는 아침 9시까지 자라. 만일 당신이 일하고 있다면, 10분 휴식 시간에, 누워서 몸을 푹

쉬게 하라.

* 웃으라: 건전한 시트콤과 비디오를 시청하라. 항상 당신을 웃게 하는 친구들과 식사를 하라. 당신의 가족이 전에 찍은 비디오를 보라. 당신을 웃게 하는 것이라면 무엇이든지 그것을 하라!

* 운동하라: 걷기와 스트레칭은 당신의 몸을 작동시키는 좋은 방법이다. 운동은 엔돌핀을 분출시킨다. 기억하라. 엔돌핀은 행복 호르몬이다. 그것은 당신이 정신적, 신체적으로 모두 회복되게 도와준다. 그러나 명심하라. 너무 무리하지 말라. 부신에 무리를 주면 안 된다.

* 부정적인 사람들을 배제하라: 그런 사람을 알 것이다. 그들은 부정적이고 곁에 있으면 당신을 정서적으로 탈진시킨다. 당신이 도울 수 없을 때는 그들을 피하라. 경계선을 설정하는 법을 배우라. 그렇게 하기가 어려울 수 있다. 특히 당신이 그들과 함께 살거나, 그들이 가족이나 친척이라면 말이다. 이 주제에 대해 당신을 도울 수 있는 좋은 책은 대니 실크 Danny Silk의 《당신의 사랑을 늘 켜두라 Keep Your Love On》이다.

* 규칙적인 식사를 하라: 많은 사람들이 아침에 눈을 뜨는 순간부터 바쁘다. 그래서 아침이나 점심 식사를 거르기 일쑤이다가, 오후 2시가 되어 고갈되어 쓰러진다. 그렇게 하지 말라! 두세 시간마다 조금씩 먹으면 몸이 에너지를 늘 유지하고 잘 치유되는 데 필요한 영양소를 얻는다.

* 음식을 잘 씹어 먹으라: 당신이 어릴 때 어머니가 음식을 잘 씹어 삼키라고 하셨을 것이다. 어머니가 맞다! 음식을 잘 씹으면 소화가 잘된다. 우리가 잘 씹지 않으면, 우리 몸이 음식을 분해하려고 더 힘들게 일해야 한다. 지금 우리는 몸의 일을 덜어주려 하고 있다는 것을 기억하라. 음식을 30-50번 정도 씹으라.

* 매일 즐거운 시간을 가지라!: 그러면 코티솔 수치가 낮아지고, 스트레스가 완화된다. 재미있는 시간을 갖는 데 꼭 돈이 드는 것은 아니다. 자녀와 게임을 하거나, 동네 콘서트에 가거나, 가족과 식사를 준비할 수 있다. 당신이 좋아하는 것이 무엇이든, 그것을 하라!

* 똑똑하게 먹으라: 혈당지수가 치솟았다가 곤두박질하게 하지 말라. 그러므로 정제되지 않은 탄수화물, 가령 고구마나 퀴노아를 늘 먹고, 항상 단백질과 좋은 지방, 가령 코코넛유나 아보카도유를 함께 먹으라. 정크푸드는 무슨 수를 써서라도 피하라. 나도 경험해서 안다. 컨디션이 좋지 않을 때는 침대에 누워 도넛 한 상자나 초콜릿바로 때우기가 십상이다. 그러나 그랬다가는 컨디션이 더 안 좋아지고 회복이 더뎌질 뿐이다. 야채주스를 한 컵 마시는 것이 처음에는 맛있어 보이지 않지만, 내 말을 믿으라. 나중에 당신의 몸이 당신에게 감사할 것이다.

* 야채를 먹으라! 다시 한 번, 당신의 어머니가 맞았다. 건강하려면 야채가 필요하다! 반드시 하루에 야채를 5-6회 먹으라. 야채

는 당신의 몸이 치유되는 데 필요한 비타민과 미네랄의 보고다. 우리가 어릴 때 먹고 자란 냉동 완두콩이나 익힌 브로콜리보다 당신이 더 좋아하는 야채가 무엇인지 실험하고 연구하여 발견하라.

* 소금을 섭취하라: 맞다. 당신이 잘 읽은 것이다. 나는 소금을 옹호한다. 많은 사람들이 나트륨은 나쁘다고 들어왔다. 그러나 나는 동의하지 않는다. 물론 우리가 가게나 집에서 발견하는 보통 소금은 우리에게 좋지 않다. 탈색과 가공을 거쳐, 모든 좋은 영양소들이 제거되었기 때문이다. 그러나 우리 몸은 순수한 소금에 포함된 미량 미네랄을 절실히 원한다. 많은 사람들이 짠 음식을 먹고 싶어 하는 이유는 우리 몸이 올바른 소금에 포함된 소량 미네랄을 갈구하기 때문이다. 나는 개인적으로 핑크 히말라야 소금과 셀틱 바다 소금을 추천한다.

* 비타민 C: 비타민 C는 중요한 항산화제를 제공하여 부신의 재생과 치유를 돕는다. 당신의 식단에 2,000-5,000밀리그램을 매일 더하라.

* 칼슘과 마그네슘: 칼슘은 신경계를 진정시키고, 마그네슘은 혈압을 조절한다. 둘 다 코티솔 "스트레스 호르몬"을 낮추는 효과가 있다.

* 비타민 B군: 비타민 B는 에너지 수준을 높이는 데 필수적이다. 이것은 카페인이나 다른 각성제의 좋은 대체물이다. 왜냐하면

이것은 몸에 필요한 자연 비타민이기 때문이다. 비타민 B6와 판토틴산 함량이 높은 것을 섭취하도록 하라.

* 비타민 E: 비타민 E는 건강한 면역체계를 증진한다. 면역체계가 건강하면, 아플 확률이 줄어들어서, 몸과 부신의 스트레스가 줄어든다. 토코페롤이 들어있는 비타민 E를 찾으라. 그것은 몸이 비타민을 잘 흡수하게 도와준다.

* 감초 뿌리: 모든 것을 던져버리고 가게로 달려가서 감초 사탕 한 봉지를 사라는 말은 아니다. 감초 사탕은 이름과 달리 순수한 감초와 거리가 멀다. 감초 뿌리는 건강한 소화계와 건강한 콜레스테롤 수치를 증진하고, 간의 치유도 도울 수 있다.[5]

늘 그렇듯이, 어떤 보충제를 식단에 더하기 전에 건강관리 전문가와 상의하라. 명심하라. 의사, 그리고 몸과 잘 소통하는 것이 지속적 변화의 열쇠다. 이제 우리가 부신의 건강에 대해 기본적인 것을 살펴보았으니, 밀접한 주제인 갑상선으로 넘어가보겠다.

갑상선 건강의 중요성

전반적 건강과 웰빙에 있어서 갑상선의 중요성은 요즘 유행하는 주제다. 내가 어릴 때는 이것에 대해 많이 듣지 못했지만, 나 자신이 갑상선 질환과 씨름해보았기 때문에, 이제는 내분비선의 건강이 중요하다는 것을 안다. 2,000만 명이라는 엄청난 수의 미국인들이 갑상선 문제로 씨름하고, 그 중 80퍼센트는 자신의 상태를 전혀 모르고 있다![6]

나는 패배감에 젖어 있는 많은 사람들과 상담도 하고 그들에게 강연도 해보았다. 그들은 감량하려고 노력을 기울였지만, 정체되어 패배감에 젖어 있다. 그들이 식단을 제한하고 열심히 운동했는데도 말이다. 나는 경험을 통해 이제는 그들에게 갑상선을 어떻게 살펴보아야 하는지 조언할 줄 알게 되었다.

더 나아가기 전에 먼저 짚고 넘어갈 것이 있다. 갑상선이 무엇인가? 갑상선은 몸의 8대 내분비선의 하나로서 호르몬 생성을 책임지고 있고, 호르몬은 신진대사, 성장, 기분, 발달, 체온을 관장한다. 갑상선이 약해지면 온 몸이 영향을 받는다. 갑상선 문제의 증상은 에너지 감소, 우울증, 심박동수 감소, 피부 건조, 체중 증가, 탈모, 변비, 몸이 따뜻하다고 느끼지 못하는 것이다. (갑상선 문제로 인한 이 증상들은 놓치기 쉽다. 많은 사람들이 과로, 과도한 스트레스, 영양부족에 익숙해졌기 때문이다.)

---

5 — "Licorice Root (Glycyrrhiza Glabra) 감초 뿌리(감초 추출물)," Herbwisdom.com, http://www.herbwisdom.com/herb-licorice-root.html.

6 — "General Information/Press Room 일반 정보/기자실," American Thyroid Association 미국 갑상선 협회, http://www.thyroid.org/media-main/about-hypothyroidism/

만일 당신이 이런 증상들을 겪고 있다면, 병원에 가보기 바란다. 그러나 어떤 검사를 받아야 하는지 알고 가는 것이 중요하다. 많은 의사들은 사실 갑상선 종합 검사를 하지 않고 뇌하수체 검사만 한다. 그것은 갑상선을 관장하는 내분비선이고, 물론 그것이 중요한 검사이지만, 갑상선이 얼마나 건강한지 완전히 진단해주지 못한다. 의사에게 가서 T4, T3, rT3 호르몬 검사를 해달라고 구체적으로 요청하라.

검사하는 더 간단한 방법은 요오드 검사다. 명심할 것은 이것이 완전하고 정확한 갑상선 검사가 아니지만, 당신의 몸에 요오드가 부족한지 아닌지 말해줄 수 있다는 것이다. 요오드 결핍은 갑상선 질병으로 이어지므로, 이 검사는 당신의 갑상선이 건강한지 아닌지 알려줄 수 있다. 동네 약국에서 빨간색 요오드를 사라. 요오드에 적신 조각을 팔목 안쪽에 붙이고 말리라. 만일 당신의 요오드 수치가 건강하다면, 빨간 얼룩이 24시간 동안 보일 것이다. 나의 자연요법 의사가 내게 이것을 시행했더니, 30분 만에 요오드가 내 피부에서 완전히 사라져 버렸다. 그것은 나의 갑상선의 상태가 나쁠 수 있고 개입이 필요할 수 있다는 징후였다.

T3 호르몬은 꿈같다. 왜냐하면 그것은 몸을 따뜻하게 하고, 기분을 좋게 하고, 에너지를 증가시키고, 심지어 머리카락의 성장을 도와서 당신의 몸을 다시 행복하게 할 수 있기 때문이다. T3 생산을 증가시키는 자연적인 방법은 좋은 비타민과 미네랄을 식단에 더하는 것이다. 가령 요오드, 셀레늄, 철분, 아연, 비타민 A, 리보플라빈(B2),

B12, B6다. 이것들을 어디서 발견할 수 있는지는 자료 단락에서 나중에 찾아볼 수 있다. 호르몬 rT3은 호르몬 균형을 이루고 당신의 몸 안에 있을지 모르는 과도한 T4를 배출한다.[7] 그렇기 때문에 rT3 수치가 균형을 이루도록 극도로 주의해야 한다. 왜냐하면 과도한 양의 rT3는 T4를 너무 많이 방출시켜서 피로와 우울증을 초래할 것이기 때문이다.

스트레스 관리의 중요성을 더 강조해주는 사실이 여기 있다. 스트레스는 높은 혹은 비정상적 rT3 수치를 초래한다. 그것을 초래하는 다른 요인들로는 비타민 D와 철분의 결핍, 에스트로겐 우세, 고 TPO 항체가 있다(TPO는 갑상선 안에 있는 효소다).

다양한 할로겐들이 갑상선에 영향을 미친다. 그 중의 어떤 것들은 좋고(가령 요오드) 어떤 것들은 별로 좋지 않다(가령 불소, 염소, 브롬). 후자들은 갑상선에 필요한 요오드의 자리를 대신 차지한다. 갑상선을 건강하게 유지하고 신체에 필수적인 호르몬 생성이 이뤄지도록, 대안 건강요법가들이 제안하는 것이 있다. 불소, 염소, 브롬의 흡수를 피하라는 것이다. 그것들은 수돗물, 수영장의 물, 살균제에 들어 있다.

---

7 — Suzy Cohen, *Thyroid Healthy 갑상선 건강* (n.p.: Dear Pharmacist Incorporated, 2014), 20.

갑상선 새롭게 하기

당신이 갑상선 문제를 나타내는 증상들을 가지고 있다고 하자. 당신은 병원에 가서 요오드 검사도 받았다. 그래서 당신의 갑상선을 잘 관리해야 한다는 것이 분명히 드러났다고 하자. 이제 무엇을 해야 하는가? 몇 가지 대안들이 있다. 당신의 몸이 말하는 것에 잘 맞추는 것이 중요하다. 갑상선을 새롭게 하면, 갑상선이 제자리를 되찾을 뿐 아니라, 몸 전체가 활력을 얻을 것이다.

먼저 간단하게, 식단을 조절하자. 히포크라테스의 유명한 말이 있다. "음식이 약이 되게 하고, 약이 음식이 되게 하라." 식단을 올바로 바꾸면 갑상선에 큰 도움이 된다. 첫째로, 탄수화물 섭취를 줄이라. 곡류와 글루텐은 갑상선의 최대 적이다. 염증을 일으키기 때문이다. 그래서 많은 사람들이 페일리오 다이어트로 큰 성공을 거두었다. 또 매 끼니마다 단백질을 먹으라. 단백질은 에너지 수준을 높여준다. 단백질 부족은 피로감을 갖게 한다.[8] 다음으로, 카페인 섭취를 끊거나 줄이라. 매일 마시던 라테에게 작별을 고해야 하지만, 그렇게 하면 나중에 당신 자신에게 고마울 것이다. 카페인은 갑상선을 해칠 수 있다. 나는 카페인 대용으로 좋은, 마테차와 툴시차를 발견했다. 또 다른 대안은 당근, 케일, 사과, 강황으로 주스를 만드는 것이다. 그것은 건강한 천연 에너지 음료가 된다.

갑상선을 새롭게 하는 또 다른 필수 요소는 쉬는 것이다. 이것이

쉬운 사람도 있고 그렇지 않은 사람도 있다. 스트레스 제거도 마찬가지다. 그러나 스트레스를 관리할 줄 알고 스트레스에서 "벗어나는" 것은 건강으로 가는 길을 닦아줄 것이다. 나는 스트레스 상황에서 벗어나야 할 때, 캄캄하거나 조명이 약한 방에 피한다. 찬양이나 마음을 안정시키는 다른 음악을 틀어놓으라. 심호흡을 하며 성경을 묵상할 수 있다. 마사지도 코티솔 수준을 낮추는 것으로서 권장된다. 산책을 하거나 뜨거운 물로 목욕을 하라. 무엇이든 당신을 편안하게 하고 평화롭게 하는 것을 하라.

핵심 비타민과 미네랄 중에 갑상선 기능을 도와주는 것들을 식단에 더하거나 좋은 유기농 보충제를 섭취할 수 있다.

* 요오드: 요오드는 호르몬 생성을 위해 갑상선에 필요하다. 요오드는 해초, 대구, 유제품, 달걀, 감자, 곡류에 있다. 나는 요오드 보충제를 두 달간 복용한 적이 있다(스탠더드 프로세스 사의 제품).[9] 그러나 요오드 섭취가 너무 많아질 수도 있으므로, 건강관리 전문가에게서 요오드 수준을 점검 받아서 부작용을 방지하라.
* 셀레늄: 이 미네랄은 갑상선 안에 요오드를 고착시켜서, 다른 할

---

8 — "Protein Fact Sheet 단백질 공급원에 대한 정보," The Dr. Oz Show, 2013년 5월 16일, http://www.doctoroz.com/article/protein-fact-sheet.

9 — Standard Process 사의 웹사이트를 보라: https://www.standardprocess.com/Home.

로겐들이 요오드의 자리를 대신 차지하는 것을 막는다. 셀레늄은 브라질너트, 캐슈너트, 황참치 같은 생선, 큰 넙치, 칠면조, 닭, 렌틸 콩, 오트밀, 바나나에 있다.

* 비타민 D: 비타민 D 결핍은 갑상선 질환으로 이어진다. 비타민 D를 식단에 더하면 피로를 이기게 된다. 당신의 몸이 비타민 D를 섭취하는 가장 좋은 방법은 햇볕을 쪼이는 것이다. 왜냐하면 비타민 D는 피부(그리고 눈)가 직접 햇빛에 노출될 때 생성되기 때문이다. 만일 당신이 햇빛을 충분히 받지 못하거나 기후가 그렇게 안 되는 곳에 산다면, 지방이 많은 생선(가령 연어, 송어, 청어), 쇠간, 달걀 노른자, 유제품, 버섯(자외선에 노출된 경우) 등의 식품으로 섭취할 수 있다.

* 비타민 B12: 비타민 B12 결핍도 갑상선 질환과 연결된다. 비타민 B12는 에너지 수준도 높여준다. 이 비타민은 가금류, 생선, 달걀, 유제품, 유기농 보충제에 있다.

* 유산균과 효소: 유산균과 효소는 갑상선만이 아니라 몸 전체에 유익하고, 장 건강에 중요한 역할을 한다. 많은 건강식품 가게에서 유기농 유산균 보충제를 판매한다. 다른 좋은 공급원으로는 콤부차 발효차가 있다.

* 아쉬와간다(인도인삼): 인도가 원산지인 이 뿌리 식물은 활력을 주고 에너지를 높이고, 소화계를 보호하고, 기억력을 증진시키는 것으로 알려져 있다.

* 에센셜 오일: 갑상선을 돕는 많은 에센셜 오일들이 있다. 내가 갑상선 질환으로부터 회복할 때, 머틀(도금양) 기름 두 방울을 나의 갑상선에 매일 세 번 떨어뜨렸다. 영 리빙 사에서 타이로민이라는 캡슐 제품을 만드는데, 특히 갑상선에 활력을 주고 갑상선을 돕도록 디자인되었다.

많은 건강관리 전문가들이 환자들에게 갑상선 약을 처방한다. 그러나 그것이 당신에게 맞는 치료인지 아닌지 오직 당신 자신만이 결정할 수 있다. 만일 당신이 갑상선 약을 먹기로 결정한다면, 갑상선 보충제도 섭취할 수 있을 것이다. 그럴 때, 두 가지를 동시에 먹지 않도록 하라. (예를 들어, 아침에 약을 먹으면, 보충제는 저녁에 먹으라.) 늘 그렇듯이, 보충제를 식단에 더하기 전에는 의사와 상의하라.

이 장에서 우리가 방대한 정보를 다루어 버거울 수 있다. 기억하라. 전에 말했듯이, 이것은 여정이지, 경주가 아니다. 자신에게 시간을 허락하라. 한 번에 하루를 살라. 그 과정에서 자신에게 너그럽게 은혜를 베풀라. 하나님은 당신이 있는 자리에서 당신을 신실하게 만나주실 것이고, 당신의 여정을 안내하고 곁에서 이끌어주실 것이다.

제 6 장

에센셜 오일
(아로마 테라피)

보충제나 오일을 사용하기 전에 항상 의사와 상의하라.
나는 나에게 효과가 있었던 것을 나누는 것뿐이며,
약 대신에 오일을 사용하라고 조언하거나 광고하는 것이 아니다.
그리고 오일을 사용할 때는 주의사항을 따르라.

• 주의사항 •

불과 몇 년 전만 해도, 에센셜 오일에 대해 잘 아는 사람은 별로 없었다. 에센셜 오일을 자신의 건강관리에 사용하는 사람도 별로 없었다. 그러나 지금은 어디 가든 사람들이 에센셜 오일의 효능에 대해 말한다. 동시에, 에센셜 오일이 어떻게 작용하는지 모르는 사람들은 에센셜 오일을 두려워하는 것 같아 보이고, 심지어 뉴에이지라는 딱지를 붙이기도 한다. 개인적으로, 나는 에센셜 오일을 여러 해 동안 간헐적으로 사용해왔지만, 최근에서야 공부를 해보았다. 연구할수록 올리브 오일이 건강한 삶에 지대한 역할을 할 수 있음을 깨닫는다. 특히 성경에서 얼마나 자주 기름의 치유력에 대해 말하는지 알게 되었다. 성경에 오일이 670회 언급된다.[1]

성경 시대에는 현대적 약이 없었기 때문에 의료 종사자들은 자연 요법을 찾았다. 그리고 하나님이 제사장들에게 명령하시기를, 특정한 기름들을 섞어서 성전을 정결하게 하는 데 사용하라고 하셨다.

여호와께서 모세에게 또 말씀하여 이르시되 너는 상등 향품을 가지되 액체 몰약 오백 세겔과 그 반수의 향기로운 육계 이백오십 세겔과 향기로운 창포 이백오십 세겔과 계피 오백 세겔을 성소의 세겔로 하고 감람기름 한 힌을 가지고 그것으로 거룩한 관유를 만들되 향을 제조하는 법

---

1 — David Stewart, *The Healing Oils of the Bible* 성경의 치유 오일들(Marble Hill, Mo.: CAREPublications, 2003), 101.

대로 향기름을 만들지니 그것이 거룩한 관유가 될지라 너는 그것을 회막과 증거궤에 바르고 상과 그 모든 기구이며 등잔대와 그 기구이며 분향단과 및 번제단과 그 모든 기구와 물두멍과 그 받침에 발라 그것들을 지극히 거룩한 것으로 구별하라 이것에 접촉하는 것은 모두 거룩하리라 너는 아론과 그의 아들들에게 기름을 발라 그들을 거룩하게 하고 그들이 내게 제사장 직분을 행하게 하고 이스라엘 자손에게 말하여 이르기를 **이것은 너희 대대로 내게 거룩한 관유니**

▪ 출애굽기 30:22-31

하나님께서 모세에게 매우 구체적으로 혼합유를 만들라고 하셨다. 이 성경 본문에서 사용된 구체적인 오일들은 치유, 정서적 평안과 관련되며, 거룩한 기름 부음에 사용하는 오일이 되었다. 흥미롭게도, 이 성스러운 혼합 오일은 원래 구약의 제사장들에게만 사용이 제한되었다. 신약에서 베드로는 하나님이 이제 우리 모두를 하나님의 왕 같은 제사장들이요 하나님의 백성으로 부르신다고 말한다(벧전 2:9). 레위인들이 제사장 직분에만 사용할 수 있었던 것이 이제는 우리 모두에게 사용 가능해졌다. 흥미롭게도, 구약의 제사장들은 사람들의 영적, 신체적 건강을 위해 치료해야 했다. 이것은 신약의 신자들인 우리도 사람들이 하나님의 거룩한 명령대로 건강한 삶을 살도록 도와야 한다는 나의 개념과 일치한다.

에센셜 오일을 의식에 사용한 구약의 예가 레위기에 있다.

여호와께서 모세에게 말씀하여 이르시되 나병 환자가 정결하게 되는 날의 규례는 이러하니 곧 그 사람을 제사장에게로 데려갈 것이요 제사장은 진영에서 나가 진찰할지니 그 환자에게 있던 나병 환부가 나았으면 제사장은 그 정결함을 받을 자를 위하여 명령하여 살아 있는 정결한 새 두 마리와 **백향목(삼목, 시더우드)**과 홍색 실과 **우슬초(히솝)**를 가져오게 하고 제사장은 또 명령하여 그 새 하나는 흐르는 물 위 질그릇 안에서 잡게 하고 다른 새는 산 채로 가져다가 **백향목과 홍색 실과 우슬초와 함께 가져다가 흐르는 물 위에서 잡은 새의 피를 찍어 나병에서 정결함을 받을 자에게 일곱 번 뿌려 정하다 하고 그 살아 있는 새는 들에 놓을지며**

■ 레위기 14:1-7

데이빗 스튜어트David Stewart가 그의 책 《성경의 치유 오일들 The Healing Oils of the Bible》에서 말한다. "제사장들은 모두 약제상과 향료 제조자들이었다. 그들은 다양한 오일들과 허브들을 섞어서 기름 부음, 향, 치유에 썼다. 그들은 또한 성전 건물과 땅도 돌보아, 깨끗하고, 아름답게 하고, 늘 잘 수리하여 관리했다."[2] 이것을 읽으며 나는 생각한다. "이제 우리는 모두 하나님의 거룩한 제사장인데, 하나님이 우리에게 어떤 성전을 주어 관리하게 하실까? 이 성경이 오

---

2 — 같은 자료., 55.

늘 우리에게 어떻게 적용될까?" 답은 바울이 말한 것에 있다. "너희 몸은 너희가 하나님께로부터 받은 바 너희 가운데 계신 성령의 전인 줄을 알지 못하느냐 너희는 너희 자신의 것이 아니라"(고전 6:19). 지금 우리는 돌보고 청소할 성전 건물은 없지만, 훨씬 더 훌륭하고 가치 있는 성전을 받았다. 그것은 기름 부음을 받고 하나님께 사용될 수 있는 성전이다.

의료, 영적 용도, 심지어 화장 용도로 사용되는 오일의 예들이 다음과 같이 성경에 있다.

> 처녀마다 차례대로 아하수에로 왕에게 나아가기 전에 여자에 대하여 정한 규례대로 열두 달 동안을 행하되 여섯 달은 몰약 기름을 쓰고 여섯 달은 향품과 여자에게 쓰는 다른 물품을 써서 몸을 정결하게 하는 기한을 마치며
>
> ■ 에스더 2:12

> 많은 귀신을 쫓아내며 많은 병자에게 기름을 발라 고치더라
>
> ■ 마가복음 6:13

> 마리아는 지극히 비싼 향유 곧 순전한 나드 한 근을 가져다가 예수의 발에 붓고 자기 머리털로 그의 발을 닦으니 향유 냄새가 집에 가득하더라
>
> ■ 요한복음 12:3

우슬초로 나를 정결하게 하소서 내가 정하리이다 나의 죄를 씻어 주소서 내가 눈보다 희리이다

▪ 시편 51:7

동시에 제사장은 백향목과 우슬초와 홍색 실을 가져다가 암송아지를 사르는 불 가운데에 던질 것이며… 정결한 자가 우슬초를 가져다가 그 물을 찍어 장막과 그 모든 기구와 거기 있는 사람들에게 뿌리고 또 뼈나 죽임을 당한 자나 시체나 무덤을 만진 자에게 뿌리되

▪ 민수기 19:6,18

오일이 성경에서 얼마나 핵심적인 부분인지 보았으니, 이제는 과학적 관점에서 그 효능을 살펴보자. 왜 에센셜 오일이 우리의 몸과 정신을 치유하는 효과적이고 강력한 대안인지 설명하고자 한다. 하나님이 우리에게 오감을 주셨다. 그것은 시각, 후각, 청각, 미각, 촉각이다. 그 중에서 후각만이 대뇌변연계를 활성화시킨다. 그곳을 흔히 정서 통제 센터라고 한다.[3] 두려움, 기쁨, 향수, 걱정, 우울증 등의 정서들을 대뇌변연계가 통제한다. 당신이 라벤더 향기를 마신다고 하자. 그것은 안정과 균형의 효과가 있다고 한다. 냄새 분자가 코로 들

---

3 — *Essential Oils Desk Reference* 에센셜 오일 편람 (Orem, Utah: Life Science Publishing, 2014), 1.23.

어가 후각 점막에 붙잡히면, 뇌에 있는 후각 신경구를 자극한다. 거기서 냄새 분자에 대한 정보와 그 영향이 처리된다. 그 다음에 후각 신경구가 처리된 정보를 미각 중추와 대뇌변연계로 보낸다. 미각과 대뇌변연계는 모두 두뇌에서 신체적, 정서적 웰빙을 관장하는 통제 센터로서, 심장, 피, 기억력, 호르몬 등의 기능에 영향을 미친다. 라벤더 냄새 분자가 이 지점까지 도달하고 나면, 뇌가 대뇌변연계(다시 말하거니와, 정서를 통제하는 곳)와 다른 신체 기관에 메시지를 보내서, 긴장을 풀게 한다. 다시 말해서, 라벤더 에센셜 오일의 강력한 냄새는 당신이 얼마나 평화롭고, 건강하고, 행복하다고 느끼는지에 직접적이고 가시적인 영향을 미친다. 다른 에센셜 오일도 두뇌의 산소 공급을 증가시킨다. 이것은 정서 균형을 맞추고, 에너지 수준을 높이고, 기억력 상실을 방지한다. 다시 한 번 상상해보라. 당신이 정서적으로 균형을 이루고 하루를 살아가기에 충분한 에너지가 있다면, 당신의 삶의 질이 어떻게 달라질지 말이다!

페퍼민트는 내가 좋아하는 오일이다. 여러 효능 때문이다. 앨런 허쉬Alan Hirsch 박사의 연구에서, 페퍼민트 오일로 실험을 했다. 다이어트 참가자들의 체중 감량에 대한 것이었다. 그들은 전에 감량에 성공하지 못했었다. 그런데 6개월의 연구기간 동안 결과는 놀라웠다. 평균 체중 감소가 1인당 약 14킬로그램이었다.[4] 왜냐하면 페퍼민트의 냄새 분자가 두뇌에서 포만의 느낌을 관장하는 부분을 자극하기 때문이다. 감량을 돕는 것 외에도, 페퍼민트는 두통, 근육 긴장, 소화 문제, 염증을 완화시키는 것으로 보고되었다.

  나의 친구인 크리스타 블랙 기포드 Christa Black Gifford는 전에 에센셜 오일에 대해 미심쩍어하다가, 에센셜 오일의 치유 잠재력을 직접 경험하게 되었다. 나는 그녀의 블로그에 있는 이 아름다운 체험을 좋아한다.

  나는 좀 미심쩍어 했지만, 어머니는 나에게 오일 마사지를 하려고 했다. 내가 심한 기관지염으로 몸져누웠기 때문이었다. 나는 불쌍한 미라 같은 꼴이 되었다. 어머니가 영 리빙 시브즈 오일(캐리어오일로 희석된 것)으로 나의 가슴과 목을 한 시간마다 마사지하고, 뜨거운 수건으로 나를 덮었기 때문이다(역주-캐리어오일(carrier oil)은 일명 베이스오일(base oil)이라고도 하는 것으로, 에센셜 오일을 피부에 효과적으로 침투시키기 위해 사용하는 식물성 오일을 말한다. 캐리어오일이 의미하는 말 그대로, 에센셜 오일을 피부 속으로 운반하는 배달원의 역할을 한다. 아로마 테라피에 사용되는 캐리어오일은 매우 다양하다/오픈백과). 어머니의 오일 디퓨저에서는 시브즈와 R. C. 라는 오일의 향을 뿜어내고 있었다. 나는 그것을 호흡했고, 어머니는 내 발바닥에도 몇 방울씩 발라주기를 계속하셨다. 만일 내가 조금이라도 힘이 있었다면, 거부했을 것이다. 그러나 고양이가 내 몸

---

4 — 같은 자료.

안으로 들어와 목을 할퀸 것처럼 아프다 보니 나는 어머니가 하시는 대로 조금이나마 차도가 있다면 놔둘 수밖에 없었다. 내 몸은 내가 잘 알지 않는가? 그 날 내 목과 폐 안에서 자라던 병은 내가 전에도 많이 걸렸던 적이 있는 증상으로서, 1주일은 몸져누워 있어야 하는 것이었다. 그러나 다음 날 아침에 가장 이상한 일이 일어났다. 나는 완전히 나아서 일어났다.[5]

다음의 체험은 평생 불면증에 시달리던 나의 친구가 에센셜 오일로 큰 효과를 본 경우다.

나는 열한 살에 멜라토닌을 복용하기 시작했다. 열아홉 살이 되어서는 불면증이 너무 심해져서 앰비언Ambien, 클라너핀Klonopin, 트라저돈trazodone을 복용하기 시작했고, 그 외에도 다른 많은 종류의 수면제를 복용했다. 나의 수면 문제는 엎치락뒤치락했고, 나는 절망에 빠져서 나는 절대 정상적인 수면 시간을 갖지 못할 것이라고 생각했다. 그러던 중 얼마 전에, 나는 에센셜 오일에 대해 알게 되었고, 수면제를 끊고 오일만 사용해보았다. 나는 라벤더 두 방울과 삼목유 두 방울을 발바닥에

---

5 — Christa Black Gifford, "Do Essential Oils Really Work? 에센셜 오일이 정말 효과가 있는가?" Christa Black, 2014년 9월 14일, http://christablack.com/2014/09/do-essential-oils-really-work/.

문지르기 시작했다. 나는 놀랐다. 일주일 만에 전보다 잘 자게 되었다! 나는 처방약 없이 정상적으로 잘 수 있어서 너무나 감사하다.

만일 당신이 에센셜 오일의 세계가 생소하다면, 선택할 수 있는 것이 너무 많아서 어안이 벙벙할 것이다. 나의 조언은 기본 오일로 시작해보면서, 어느 것이 당신에게 최선인지 알아보라는 것이다. 내가 꾸준히 사용했을 때 효과적이었던 것으로서, 내가 좋아하는 것들은 다음과 같다.

* 삼목(백향목, 시더우드), 일랑일랑, 라벤더 오일: 불면증이 있거나 긴장이완이 어려운 사람들에게, 이 오일은 긴장이완과 진정 효과가 있다. 나는 두 방울씩 양 손에 떨어뜨려 손을 비빈 후 오일을 왼쪽 발가락과 발등에 바른다. "왜 발가락에?"라고 생각할지 모르지만, 전문가들에 따르면 발가락 피부가 신체에서 가장 흡수가 잘되는 곳이라서, 오일이 당신의 시스템에 빨리 들어갈 수 있다.
* 피스 앤드 카밍 블렌드 Peace and Calming Blend(영 리빙 제품): 이 이름 그대로, 이 에센셜 오일 블렌드는 평화감을 증진시키고, 정신을 진정시킨다. 나는 분주하고 스트레스가 심한 하루가 될 것 같으면, 이것을 왼쪽 발가락, 뒷목에 바르고 마지막으로 몇 번 깊이 호흡한다. 그렇게 해보니, 진정효과가 커진다.

* 스트레스 어웨이(영 리빙 롤언 제품. 역주-롤언 제품은 끝에 구슬 모양이 달려 있어서, 그것을 굴리며 오일을 바르게 되어 있다): 이 블렌드 제품도 이름처럼 스트레스를 덜어준다. 나는 스트레스가 심한 날에 이것을 뒷목에 바른다.
* 아이다호 블루 스프루스(미국가문비나무): 이마의 헤어라인을 따라 바르면 기분이 좋다. 몸과 마음을 진정시키고 알파 파이닌 산과 리모닌이 들어 있어서, 점막 소염제 기능을 한다.
* 코파이바Copiaba: 이 오일은 소염제로 사용되어 왔다. 건강한 두뇌 기능을 돕기도 한다. 나는 이것을 관자놀이 위에 바른다.
* 아이다호 발삼전나무 Idaho Balsam Fir: 이 오일은 코티솔 수준을 균형 잡아줘서 몸을 건강하게 하고, 스트레스로부터 보호해준다. 나는 이것을 코의 중간에 하루에 여덟 번 바른다.
* 레몬그라스: 이 오일은 항곰팡이, 항박테리아, 항기생충, 항염증 성분이 있다고 한다. 이것은 림프의 흐름을 원활하게 하고, 정화와 소화를 위해 추천된다. 나는 이것을 세 방울 캡슐에 담아서 먹는다.
* 머틀(도금양): 나는 이것을 기적의 오일로 생각한다. 용도와 효능이 다양하기 때문이다. 면역체계를 증진하고 갑상선 기능을 돕는다. 집중력이나 수면도 돕는다고 한다. 나는 이 오일을 여러 가지 방법들로 동시에 바른다(주로 아침에). 첫째로, 나는 한 방울을 혀끝이나 입천장에 바른다. 또 몇 방울을 손에 떨어뜨려서 목의

갑상선 부위에 바른다. 그러고 나서 그 손을 코에 대고 아로마를 깊이 들이마신다.

또 나는 레몬그라스, 클레어리 세이지, 라벤더, 헬리크리섬 오일을 각각 두 방울씩 아침저녁으로 발에 바르기를 좋아한다. 나는 내 발의 간에 해당하는 부위에 그것을 발라서 간의 디톡스를 돕는다.[6]

어떤 에센셜 오일은 어린이들과 함께 사용해도 된다. 그러나 주의해서 하라. 어린이의 몸은 우리보다 훨씬 작기 때문에 많은 용량이 필요하지 않다는 점을 명심하라. 영 리빙에는 어린이들을 위해서 만들어진 키드센트 오일 컬렉션KidScent Oil Collection이 있다. 어린이가 사용해도 안전한 또 다른 것으로는, 라벤더, 캐모마일, 영 리빙 오일에서 나온 젠틀 베이비Gentle Baby가 있다.

주의사항: 마지막으로, 오일을 사용할 때 항상 주의하라. 자신이나 가족에게 사용하기 전에 충분히 조사하라. 주변에서 구할 수 있는 아무 것이나 사용하지 말고, 100퍼센트 유기농의 순수한 제품을 사용하라.

---

6 — "Reflexology Foot Chart – sole 발의 혈점 도표," how-to-do-Reflexology.com, http://www.how-to-do-reflexology.com/reflexologyfootmap.html.

에센셜 오일 레시피

신경 손상

손상된 신경 회복, 순환 개선, 통증 조절, 감염 예방을 도울 수 있다. 3-4방울을 손상 부위에 하루 2-3회 바르라.[7]

15방울의 제라늄

10방울의 헬리크리섬

10방울의 윈터그린

8방울의 마조람

6방울의 사이프러스

5방울의 페퍼민트

2방울의 클로브

2방울의 레몬

치질

치질의 불편함을 완화할 수 있다. 다음을 섞어서 감염 부위에 하루 2-3회 바르라.[8]

10방울의 캐리어 오일

3방울의 캐모마일

4방울의 라벤더

5방울의 제라늄

관절 통증

관절의 통증과 불편함을 덜 수 있다. 오일들을 함께 섞어서 필요한 부위에 바르라.[9]

4방울의 주니퍼

3방울의 페퍼민트

3방울의 마조람

3방울의 로마 캐모마일

3방울의 헬리크리섬

3방울의 생강

1티스푼의 코코넛유

갑상선 기능 부전

갑상선 기능 부전 증상이 완화될 수 있다. 재료들을 섞어서, 갑상선 부위와 발바닥에 하루에 세 번 바르라.[10]

---

7 — Debbie McFarland, *Inspired by Essential Oils: Basic Guide* 에센셜 오일 기초 안내서 (lulu.com 2013년), 98.

8 — http://essentialoilbenefits.com/best-essential-oils-for-the-treatment-of-hemorrhoids/.

9 — http://janasapothecary.com.

10 — "Essential Oil Blend for Supporting Healthy Thyroid Levels 건강한 갑상선 수준을 위한 에센셜 오일 블렌드," Green Living Ladies, 2014년 2월 6일, www.greenlivingladies.com/2014/02/essential-oil-blend-for-hypothyroidism.html.

10방울의 클로브

10방울의 몰약

8방울의 프랭킨센스

8방울의 레몬그라스

2순가락의 액체 코코넛유

소화/변비

소화와 변비 증상을 완화할 수 있다. 재료들을 섞어서 시계 방향으로 원을 그리며 배를 하루에 2-3번 마사지하라.[11]

5방울의 코리앤더(고수풀)

7방울의 오렌지

4방울의 레몬

2방울의 생강

4방울의 페퍼민트

4방울의 액체 코코넛유

불면증

불면증 완화를 도울 수 있다. 코코넛유가 크림 정도의 끈기를 갖게

---

11 — www.facebook.com/livelaughloveoils.

되도록 저으라. 재료들을 섞어서 진정 로션을 만들라. 필요한 만큼, 잠자기 전에 바르라.

    8방울의 라벤더
    8방울의 발레리안
    8방울의 영 리빙 피스 앤드 카밍 블렌드 Peace and Calming Blend
    4분의 3 컵의 코코넛유

편두통

편두통 완화를 도울 수 있다. 재료들을 섞어서 뒤통수와 이마 주변에 바르라.

    2방울의 마조람
    2방울의 제라늄
    2방울의 헬리크리섬
    1방울의 라벤더
    2방울의 페퍼민트
    2방울의 프랭킨센스
    2-4 숟가락의 코코넛유

편두통 완화를 위해, 한 방울의 페퍼민트 오일을 손에 발라 코 주위를 감싸고 다섯 번 천천히 심호흡으로 들이마신 다음에, 한 방울의 페퍼민트 오일을 이마에, 한 방울을 두피의 다른 세 곳에 바르라.

영 리빙에서는 편두통 완화를 위해 디자인된 M-Grain이라는 블렌드 제품이 나와 있다. 그것은 마조람, 페퍼민트, 라벤더, 바질, 로마 캐모마일, 헬리크리섬을 포함하며, 표면에 바를 수 있다.

제 7 장

말라야 한다는 강박증

그들이 주를 앙망하고 광채를 내었으니

그들의 얼굴은 부끄럽지 아니하리로다

• 시편 34:5 •

리해나 터셔라를 소개하고 싶다. 그녀가 처음에 내가 이 책을 쓰는 것을 도와주려고 인턴이 되었을 때, 나는 그녀가 삶에서 겪은 일을 잘 몰랐다. 그러나 나는 그녀가 대식증에서 회복된 여정에 대해 들으면서, 그녀의 이야기를 이 책에 실어야겠다고 생각했다.

섭식장애의 영향을 받는 사람이 미국에서만도 2,400만 명이나 된다. 그리고 슬프게도, 그 숫자는 증가 추세에 있다.[1] 리해나의 이야기는 날씬하고자 하는 정상적인 욕구가 불건강하고 위험해지면 어떻게 되는지 보여준다. 그녀의 이야기를 통해 많은 사람들이 소망과 치유를 얻을 것이라고 확신한다.

처음 시작은 섭식장애가 아니었다. 처음 시작부터 병은 아니었다. 초등학교 6학년이던 나는 알 길이 없었지만, 아무 해도 없어 보이는, 아침을 건너뛰는 행동이 내가 이후 14년 동안 생명을 위해 싸우게 되는 결과를 초래할 것이었다. 나는 그때 6학년이었고, 살을 약간 빼고 싶었다. 내가 아는 다른 모든 여자들, 친구들이나 성인들 모두가 그것을 원하는 것 같았기 때문이다. 그 나이쯤 되면, 소녀의 몸은 변하기 시작하여 S라인이 생기고 그 전의 깡마른 몸매와는 사뭇 달라

---

1 — "11 Facts About Eating Disorders 섭식장애에 대한 11가지 사실," DoSomething.org, https://www.dosomething.org/facts/11-facts-about-eating-disorders.

진다.

　소녀의 발달의 그 시기에는 신체적 변화 외에도, 삶에 여러 일이 일어나기 마련이다. 비극과 트라우마는 사람이나 나이를 가리지 않고 찾아온다. 돌이켜보면, 나는 내가 겪고 있던 신체적, 정서적 손실을 어떻게 처리해야 할지 내 마음과 생각으로 전혀 모르고 있었다. 나는 일찌감치 어릴 때 인생이 무섭다는 것을 배웠다. 어느 순간에라도 내가 사랑하는 사람이 나에게서 떠나갈 수 있다. 자연적 원인이든 아니면 그들이 다른 가족을 찾기로 결정했기 때문이든, 즉 우리 대신 다른 사람들을 사랑하기로 했기 때문이든 말이다.

　굶주림이 그 고통의 자리를 대신 차지했다. 내 위장의 고통은 내 마음의 고통으로부터 정신을 돌리게 했다. 나는 굶주림의 고통을 통제할 수 있었다. 그것은 이상하게도 내가 힘이 있다고 느끼게 해줬다. 반면, 내가 느끼고 있는 정서적 고통은 내가 통제할 수 없었기 때문이다.

　말했듯이, 아침을 거르는 것은 내가 보기에 해가 없어 보였다. 대부분의 어른들이 그렇게 한다. 그리고 내 친구들은 말하기를, 그러면 살이 찌지 않는 데 도움이 될 것이라고 했다. 나는 그것이 효과가 있었는지 없었는지 기억나지 않는다. 나는 겨우 열두 살에 불과했기 때문이다. 사실, 나는 뺄 살도 없었다. 그러나 나는 아침을 거르는 것이 살을 빼는 데 도움이 된다면, 점심을 거르는 것도 그럴 것이라고 생각했다. 나는 이어서 몇 년을 항상 배고픈 상태로 보내며 자책감에 빠져 지냈고 음식을 죄책감과 연결시켰다. 내 생각은 항상 음식에 머물러 있었다. 나는 먹고 싶은 마음이 불타올랐고, 당과 지방 함량이 높은 음식을 공상했고, 내가 나 자신에게 허락하지 않는 것을 다른 사람들이 먹는 모습을 강박적으로 지켜보았다.

그렇게 몇 년을 지내다 나는 고등학교 2학년이 되었다. 나는 그 날을 어제처럼 기억한다. 나는 학교를 마치고 차를 몰아 집에 와서 현관에 들어서자마자 곧장 부엌으로 직행했다. 나는 내 손에 잡히는 음식은 뭐든 다 먹어치웠다. 시리얼 몇 박스가 몇 분 만에 사라졌고, 쓰레기 사이에 감춰져 있던 식사대용 바 수십 개, 아이스크림 몇 통, 땅콩버터 한 숟가락, 그리고 다른 남은 음식들도 모두 허겁지겁 먹어치웠다. 나는 그 날 전에 그렇게 게걸스럽게 먹었던 적이 단 한 번도 없었고, 정말로 솔직히, 그런 것을 들어본 적도 없었다. 그러고 나서 내가 침대에 누웠을 때, 수치심이 나를 짓눌렀다. 나는 내가 먹어치운 칼로리를 하나하나 생각해보았다. 나는 뱃속에 든 음식을 제거하고 싶었지만, 어떻게 하는지 몰랐다.

그 날을 돌아볼 때, 그때부터 내 삶의 방향이 달라졌다. 그 후로 나는 더 어두운 길로 치닫게 되었다. 나는 나의 마음과 너무나 단절되어서 마음이 비명을 지를수록, 그 소리를 강제로 눌러버릴 방법을 찾아야 했다. 돌아볼 때, 그 날 나는 대식증이 내 마음속에 뿌리를 내리게 허락했다. 그러나 나는 수치심 때문에 사람들에게 도움을 요청하지 못했다. 무슨 일이 일어난 것인지 잘 모르면서도, 뭔가 잘못이라는 것을 알았다.

　삶은 이어졌고, 나는 어릴 때부터 가진 꿈을 계속 추구해나갔다. 내가 다섯 살이었을 때, 엄마의 에이미상 수상 음반 중 하나를 손에 들었다. 나는 엄마의 음악에 맞춰 거실에서 춤추던 것을 지금도 기억한다. 그러면서 나도 에이미상을 받는 것을 꿈꿨다. 그때부터 내 삶은 보이스 레슨, 합창반 연습, 음악 연주, 여행이 중심이 되었다. 이제 내가 고등학교를 졸업할 무렵이 되었기 때문에, 변화는 거의 없었다. 부모님은 나를 데리고 다니시며 여러 음악 콩쿠르에 나가게 해주셨고 보컬 강사에게 데리고 다니셨다. 내가 음악 산업계에서 성공하고 싶어 했기 때문이다. 음악 산업 분야는 누구에게나 잔인하다. 그런데 게다가 낮은 자존감에다가 섭식장애까지 있다면 그건 바로 재난을 의미한다. 나의 체중은 들쑥날쑥했고 나는 대식증과 계속 싸우고 있었다. 나는 사람들이 볼 때는 건전한 식단에 따라 먹어서 의지력이 강하다고 칭찬을 받았지만, 비밀스럽게, 최대한 많은 칼로리를 먹어치우면서 내가 아는 모든 수단을 동원해 속을 비우려고 했다. 말할 것도 없이, 노래하는 사람에게는 성대와 목청의 건강이 가장 중요하다. 내가 정말 소중히 여기는 유일한 것인 나의 목소리를 내가 함부로 망가뜨리고 있다는 것을 알기에 나는 수치와 죄책감이 커졌다.

　마침내 19살 무렵, 부모님과 가까운 친구들이 알아채고 염려하기 시작했다. 그들은 내가 "건강"에 집착하느라 기쁨과 에너지를 다 잃고 있다는 것을 알아차렸다. 나는 밤이면 밤마다 폭식하고 게워내는 일을 은밀히 했고, 아침마다 다크서클과 흐리멍텅한 정신으로 일어나곤 했다. 마침내, 부모님은 뭔가 하셔야 한다는 것을 알았고, 나는 곧 애리조나 주 한가운데 있는 입원치료 시설에 4개월 동안 들어가게 되었다.

그 4개월의 치료 후에 내가 자유를 찾았고 이전 일은 다 지나갔다고 말할 수 있으면 좋으련만, 그렇지 않았다. 나는 들어갈 때보다 더 나쁜 상태가 되어서 나왔다. 나는 나와 똑같은 문제와 씨름하는 소녀들과 많은 시간을 보내면서, 섭식장애를 어떻게 잘 숨기는지에 대한 새로운 트릭과 비밀을 배웠다. 치료 후에, 나는 파티의 삶을 살게 되었다. 나는 절대로 그러지 않을 것이라고 다짐했었는데도 말이다. 밤이면 밤마다 나는 공허한 내 마음을 채우려 했다. 나는 낮에는 칼로리와 운동에 집착하며 보냈고, 밤에는 파티에 가서, 연거푸 마셔대며, 화장실에 혼자 들어가서 폭식했다. 정신이 맑은 낮에는 손도 대지 않을 음식들로 말이다. 그러고 나서는 밤 시간이 끝날 때 게워냈다.

내 인생의 4년 동안 그랬다. 대식증은 나에게 상처를 주는 사람들로부터 내가 나 자신을 안전하게 지키는 수단이었다. 나의 잘못된 정서적 논리는 내가 먼저 나 자신을 해치고 있으면, 가족, 친구, 이전 남자친구들이 나를 해치지 못하리라는 것이었다. 내가 이미 나 자신을 거절했으므로, 그들이 나를 거절해도 내게 상처가 되지 않으리라는 생각이었다. 나는 날이면 날마다 폭식을 하면서, 그들이 나에게 한 일을 생각하지 않으려고, 끊임없이 음식에 대해 생각했다. 내가 뭘 할 수 있었고, 뭘 할 수 없었고, 어떻게 운동을 해야 하고, 내가 어떤 모습이 되어야 하고… 그런 생각들이 나의 전부를 소진해버려서, 이제 정작 나의 꿈은 중요하지 않아져버렸다. 내가 원하는 것은 그저 빼빼 마르는 거였다. 매일 아침은 전쟁으로 시작되었다. 나는 나 자신을 응원하는 말로 하루를 시작했다. 오늘이야말로 내가 나아질 것이고, 오늘이야말로 내가 정상적인 사람처럼 건강한 식단을 따라 먹을 것이라고 말이다. 그러나 아무리 바라도, "그 날"은 오지 않았다.

24살 무렵에, 나는 하나님을 극적으로 만났다. 나는 혼자 침실에 있었다. 폭식 후에 게워내기를 마친 후였다. 나는 침대에 누워 있었고, 나 자신을 그렇게 학대하다 보니 머리가 빙빙 돌았다. 나는 전날 밤의 심한 파티에서 아직도 회복되는 중이었다. 스탠드를 보니, 어떤 사람이 몇 년 전에 준 성경이 거기 있었다. 그 전까지 그 성경을 편 적이 없었지만, 나는 절박했고, 나에게 필요한 것이 그 책 안에 있다고 뭔가가 내게 말했다. 나는 아무 데나 폈고, 그 페이지는 시편 18편 24절이었다. "내 마음의 책을 하나님의 눈이 보시도록 열었을 때, 하나님이 내 삶을 다시 쓰셨다."[2] 나는 즉시 흐느껴 울기 시작했다. 내 평생 내 마음으로부터 도망쳐왔지만, 나는 결코 하나님의 손에서 벗

---

2 — 시편 18:24, 메시지 번역.

어날 수 없다는 것을 깨달았다. 하나님의 따뜻한 임재가 방 안에 충만했고, 나는 새로운 기회를 얻었다는 것을 알았다.

그 밤 이후, 나는 점차 파티의 생활에서 벗어나기 시작했고, 내가 갈 수 있는 모든 교회 예배에 참석하기 시작했다. 하나님에 대해, 전혀 몰랐던 갈망이 내 안에 생겼다. 그때 대식증에서도 완전히 해방되었다고 말할 수 있으면 좋으련만, 아직 그렇지 못했다. 이제 내가 술과 파티를 그만두었기 때문에, 나의 대식증은 더 심해진 것 같아 보였다. 나는 큰 수치심에 시달렸다. 내가 교회에 가고 하나님을 찾고 있으니 마땅히 해방되었어야 한다고 느꼈기 때문이다. 나는 밤마다 내 방의 바닥에서 하나님께 부르짖으며, 대식증을 가져가시든지 나를 데려가시든지 하라고 호소했다. 나는 하루라도 더 그렇게 사는 것을 견딜 수 없었다.

결국 나는 사역 학교에 다니기 시작했고 거기서 자유를 얻을 것이라고 확신했다. 그곳은 사람들이 중독에서 해방되고 새 삶을 얻는 곳 같아 보였다. 거기서 나도 해답을 찾을 것이라고 확신했다. 나는 찬양 인도자가 되었고, 거기서 나날을 보내며, 하나님에 대해 배우고, 성경을 공부하며, 심지어 기적들이 일어나는 것도 보았다. 겉으로 보기에는 모든 것이 훌륭하고 행복한 그리스도인의 삶에 일치하는 것 같아 보였지만, 나는 여전히 대식증과 끝이 없어 보이는 싸움을 하고 있었다. 어떤 날들에는 하루 종일 잘 저항해냈다. 그러나 집에 와서 한밤중까지 깨어 있다가, 다시 한 번, 먹을 수 있는 모든 것으로 나 자신을 채우곤 했다. 다른 날들에는 일어나자마자 주방으로 가서 폭식하고 게워내곤 했다. 어느 날 밤에는 새벽 2시에 일어나서 곧장 주방으로 가서 반쯤 잠든 상태에서도 폭식을 하고 게워냈다. 깊이 잠든 중에도 내 마음은 여전히 아팠던 것이다.

내 인생의 그 시점에, 나는 가장 약하다고 느꼈다. 나는 결코 자살 충동을 느꼈던 적은 없지만, 더 살지 않아도 되는 것을 공상했고, 대식증에서 자유로워지는 것, 음식에서 자유로워지는 것, 나 자신으로부터 자유로워지는 것을 공상하기 시작했다. 나는 왜 하나님이 아직 나를 해방시켜주시지 않는지 이해하지 못했다. 다른 여자들은 극적으로 해방되는 이야기들을 듣는데 나는 여전히 갇혀서 고통당하고 있었다. 나는 잠시 부모님 집으로 들어가 살았는데, 부모님과의 관계가 힘들어졌다. 부모님이 나를 돕지 못한다는 무력감에 힘들어하셨기 때문이다. 부모님은 내가 나 자신을 망치는 것을 오래도록 봐왔었고 그들의 노력이 아무 소용도 없다고 느꼈다. 나는 이러다 결국 죽을 것이라고 생각하는 지경까지 이르렀고, 솔직히, 그것을 바랐다. 나는 너무나 오랫동안 싸우느라, 나의 의지와 희망이 모두 고갈되어 버렸다.

2012년 여름에 마침내 뭔가 바뀌었다. 불꽃이 튀거나, 큰 사건이나 경험이 있었던 것은 아니지만, 어느 날 내가 침대에 누워있고, 하루 종일 폭식하고 게워내느라 목은 욱신거리고 있을 때, 내 안의 뭔가가 속삭였다. "이건 끝나야 돼." 나는 그 생각을 전에도 많이 했었지만,

이번에는 거룩한 분노가 내 안에서 솟아올랐다. 그때 나는 깨달았다. 나는 먹잇감이 되고 있었다. 이것은 나 자신에 대한 싸움이 아니었고, 원수에 대한 싸움이었다. 나는 원수가 나를 학대하게 너무 오랫동안 허락하고 있었다. 나는 침대에서 벌떡 일어나, 내 성경을 들고, 방안을 돌아다니며 성경말씀을 선포했다. "기록되었으되, 나, 리해나는 넉넉히 이긴다!" "사탄아, 네가 나를 해치려 했지만, 하나님이 너의 악을 선하게 사용하셔서 많은 사람들의 생명을 구하실 것이다!" 나는 몇 시간 동안 진리를 나 자신과 내 몸에 대해 선포했다. 돌아보면, 만일 그때 누가 나를 봤다면 미친 여자라고 생각했을 것이다. 그러나 나는 전혀 개의치 않았다. 내 안의 뭔가가 깨어났고 나는 대식증이 나에게 어떻게 거짓말했고 내 평생에 나를 도둑질해왔는지 보게 되었고, 이 전쟁에 이기려는 의지가 확고해졌다.

다음 날, 나는 여전히 투사의 자세로 일어났다. 하나님이 나에게 영적, 자연적 측면 모두로 싸워야 한다고 말씀하시는 것을 느꼈다. 그 영적인 측면은 이렇다. 하나님의 말씀인 성경을 묵상함으로써 항상 내 마음을 새롭게 해야 하고, 뿐만 아니라 나 자신에 대해 말씀을 선포해야 한다. 이것은 나에게 쉬운 부분이었다. 어려운 부분은 자연적인 측면의 단계를 밟는 것이었다. 나는 하루에 2,000칼로리를 먹는 식단을 따라야 했다. 어떤 여성들에게는 하루에 2,000칼로리를 먹는다는 것이 많아 보일 수 있다. 그러나 나의 경우에는 그것이 필요했다. 내 몸은 굶주리다가 폭식하는 사이클만 알기 때문에, 그 칼로리를 섭취하여 두뇌를 기능하게 하고 내가 다시는 굶주리지 않을 것이라고 확신시켜줘야 했다. 흥미로운 것은 내가 나 자신에게 더 많은 칼로리를 주기 시작하자, 폭식의 욕구가 극적으로 줄어들었다는 것이다.

나는 또한 나의 "왜"를 찾아야 했다. 왜 나는 회복하기를 원하는가? 나는 메모카드를 꺼내서 한쪽에 내가 회복하면 앞으로 5년 후에 내 삶이 어떻게 될지 적었다. 다른 쪽에는 만일 내가 회복하지 않으면 5년 후에 내 삶이 어떨지 적었다. 상상할 수 있듯이, 그 차이는 엄청났다. 나는 그 메모카드를 곁에 두고, 폭식과 게워냄의 욕구에 저항하는 데 여러 번 사용했다. 이제 나는 건강해져야 할 이유가 생겼고, 만일 내가 포기한다면 내 삶이 어떻게 될지 분명히 알게 되었다.

다른 모든 과정과 마찬가지로, 이 여정은 하루에 끝나지 않았다. 대식증을 가지고 잠들었다가 다음 날 아침에 일어나니 치료되어 있지 않았다. 그것은 한걸음 한걸음, 매일매일의 과정이었다. 처음에 나는 여전히 폭식하고 게워내기를 매일 하면서 보냈다. 나의 새 방법을 수행하면서도 말이다. 그러나 하루 6-8회에서 3-4회로 줄어들었다. 곧 그것은 하루에 두세 번이 되었고, 그 다음에는 한두 번, 그리고 그 다음에는 하루에 단 한 번이 되었다. 내가 미끄러질 때마다 나 자신을 수치스러워한다면 치유에 도움이 되지 않는다는 것을 알기에, 나는 그 대신 내가 저항해낼 때마다 경축하기로 했다. 기도하고 성경 말씀을 선포하고 나서, 몇 분 후에 포기하고 게워내곤 하는 밤들이 많았다. 오랜 세월 나 자신을 학대하면서, 수치심과 죄책감은 나에게 해만 끼칠 뿐이라는 것을 알았기에 즉시 회개하고 기도로 돌아가곤 했다.

  나의 회복의 여정이 진행되는 동안, 나는 하나님이 나에게 말씀하시는 것에 민감하고 거기에 나 자신을 잘 맞추어야 했다. 나는 이 회복의 여정을 내가 잘 걸어가도록 나를 인도해달라고 하나님을 온전히 의지해야 했다. 왜냐하면 나는 이것을 전에 해본 적이 전혀 없었기 때문이다. 그러나 나는 하나님이 길을 아신다는 것을 알았다. 몇 달 후에 이미 나는 출발점에서부터 장족의 발전을 이루었지만, 여전히 불건강한 음식에 집착하고, 폭식하고 게워내느라 힘들어하고 있었다. 나는 "거의 해방된" 것으로는 충분하지 않다는 것을 알았다. 나는 하나님 안으로 더 힘써 나아가며 나의 다음 단계가 무엇인지 여쭈었다. 며칠 후에, 어떤 사람이 자기가 읽은 연구에 대해 말해줬다. 수학을 잘 못하는 학생들에게 "나는 수학을 잘해", "수학은 나에게 쉬워"라는 긍정적인 진술을 자신의 목소리로 녹음하게 하고서 자는 동안 듣게 했더니 몇 주 만에 수학 실력이 극적으로 향상되었다고 한다. 나는 그녀의 말을 듣고, 이것이 내가 구한 것에 대해 하나님의 응답이라는 것을 알았다. 나는 집에 가서 내가 나 자신에게 어떤 선포를 하기를 원하시느냐고 하나님께 여쭈어보았다. 나는 그것을 녹음해서 몇 달 동안 자면서 들었다. 그러자 나의 여정의 그 다음 단계가 얼마나 쉬워졌는지, 그것은 실로 초자연적인 역사였다. 나의 생각을 진리로 가득 채워서 나의 불안심리가 깨어나 훼방할 틈을 주지 않았던 것이다.

2012년 11월 10일은 내가 억지로 토한 마지막 날이었다. 이렇게 말하면서도 아직도 현실 같지 않다. 왜냐하면 나의 정체성은 너무나 오랫동안 대식증에 사로잡혀 있어서, 그것 없는 삶은 상상할 수 없었기 때문이다. 이 글을 쓰는 중에도, 나는 하나님이 내게 주신 구속의 아름다움에 눈물이 난다. 그 도중에 내가 하나님께 나를 해방시켜달라고 간청하고 호소했던 적이 얼마나 많은지 셀 수 없다. 나는 부르짖으며 말하곤 했다. "만일 당신이 저를 고쳐주시면, 다시는 당신에게 다른 어떤 것도 구하지 않을게요." 돌아보면, 내가 한순간에 해방되지 않아서 감사하다. 대식증에서 벗어나는 여정이 있었기에, 나는 내가 얼마나 강한지 알게 되었다. 하나님이 은혜로우시기 때문에 우리의 모든 기도에 당장 응답하지 않으시는 것이다. 그러면서 하나님은 그 과정 중에서 순간순간 나의 가장 큰 기대와 마음의 갈망을 계속 능가해 역사하신다.

나는 여전히 더 건강한 삶으로 나아가는 여정 중에 있다. 대식증이 나에 대한 힘을 잃어버렸으니 이제 어떻게 살아야 하는지 다시 배우는 과정이다. 이 과정에서 나는 하나님에 대해 뭔가 새로운 것을 배우고 있다. 하나님의 놀라운 은혜가 우리 삶, 나 자신을 매일 회복하신다. 은혜는 이렇게 설명된다. 은혜는 우리에게 능력을 부여해주시는 하나님의 임재다. 그것은 베니가 건강으로 가는 여정을 가르치면서 거듭거듭 강조하는 핵심 요소다. 나에게도 섭식장애로부터 건강과 자유로 나아가는 여정에 있어서 은혜가 핵심이 되어 왔다.

당신이나 당신이 아는 어떤 사람이 섭식장애로 힘들어한다면, 많은 좋은 자료들이 있다. 도움을 찾기를 주저하지 말라.

더 많은 정보를 http://www.nationaleatingdisorders.org에서 찾으라.

제 8 장

영의 건강

여러분이 생각하고 계획하고 있는 것을 여러분 자신이 아니면 누가 알겠습니까?
하나님도 마찬가지이십니다. 하나님께서는 자기가 생각하는 것을 아십니다.
또한 그것을 우리에게도 드러내 주십니다.

• 고린도전서 2:11 메시지 번역 •

앞 장에서, 혼은 우리의 존재 중에서 땅을 내려다보는 부분이라고 말했다. 영은, 반면에, 하늘의 것들과 영적 삶에 맞춰져 있고, 하늘을 바라본다. 모든 건강, 생명, 축복은 하늘로부터 오고, 하나님과의 친교로부터 오므로, 영의 생명이 가능한 한 강력한 것이 최고로 중요하다. 내가 어릴 때 들은 말이 있다. 모든 사람은 내면의 존재에 오직 예수님만 채우실 수 있는 빈 곳이 있다. 나는 여전히 그것을 믿는다. 얼마나 많은 사람들이 우리를 가득 채워줄 뭔가를 갈망하다가 예수님을 찾았는가? 우리가 일단 예수님을 발견하고 나면, 우리의 영은 평화로워지고, 내면의 빈 공간을 채우려던 추구는 끝난다. 나의 경험으로, 건강한 영은 당신의 신체적 건강에 영향을 미친다. 그것이 우리의 영을 갈수록 더 잘 관리해야 하는 또 다른 중요한 이유다.

나는 기독교 가정에 태어나서, 예수님이 항상 내 삶의 일부였다. 나는 아주 어릴 때부터 예수님과 사랑에 빠졌다. 그래서 나는 "구원받은" 기억이 뚜렷이 없을 정도다. 내 삶은 예수님과 함께 사는 삶이었다! 나는 다른 길을 몰랐다. 부모님으로부터 살아있는 영적 삶을 물려받은 것은 소중한 선물이며, 나는 그것에 대해 깊이 감사하고 소중히 여기지만, 그러나 또한 나는 건강한 영적 삶을 계속 적극적으로 개발할 줄 알아야 했고, 나의 영적 유산 그 이상으로 나아가야 했다. 나의 영적 삶은 1996년에 극적으로 변화되었다. 캐나다의 교회를 방문하는 동안, 나는 하나님을 만났고, 나는 이전보다 더 살아났다. 예수님이 맹인을 고치셨을 때, 처음에 그 맹인은 사람들을 보고 나무로 생각했던 성경 이야기를 아는가? 예수님이 그의 눈을 두 번째로 만지시자 그는 완전히 치료되었고 정확히 볼 수 있었다.[1] 예수님이 처음 기도하셨을 때, 그가 전혀 못 본 것이 아니라, 단지 분명히 보지 못했던 것이다. 1996년에 캐나다의 그 교회에서 예수님을 만났을 때, 내가 딱 그 느낌이었다. 나는 예수님을 더 분명히 보기 시작했다. 그 만남 중에 예수님이 나를 만지셨을 때, 나의 영적 사람이 더 풍성한 삶으로 들어갔다. 그 전에는 나의 영이 죽었었다는 말이 아니다. 다만 완전히 충만하지 않았다. 그러던 것이 1996년에 하나님께서 내 안의 잠겨 있던 어떤 것을 푸셔서 하나님에 대한 더 분명한 비전을 주셨다. 그러한 경험을 한 후 모든 것이 새로워졌다. 나는 성경을 폈을 때, 말씀을 통해, 전에 느껴보지 못한 식으로 예수님을 경험했다.

그 놀라운 만남으로 나의 영의 삶이 극적으로 바뀌었다. 그 방문 후 집으로 돌아왔을 때 나는 전에 하지 않았던 것을 하기 시작했다. 나는 그것을 "흠뻑 젖어들기"라고 표현한다. 그것은 예수님께 초점을 맞추고 주목하며 예수님을 높이는 것이다. 나는 하루 중 어느 시간대에 예수님이 말씀하시는 것, 예수님이 하시는 것에 초점을 맞추고 주의를 기울이곤 했다. 대부분의 경우에, 나는 아무 말도 하지 않았고, 찬양도 부르지 않았고, 심지어 성경조차 읽지 않았다. 나는 그저 찬

---

1 — 마가복음 8:22-26.

양을 틀어놓고, 바닥에 누워, 하나님과 교제하곤 했다. 그러면 나는 나의 영이 성령과 연결되는 것을 느꼈고, 하나님과의 교제가 얼마나 놀랍게 나를 살아나게 하고 활력을 주는지 다시금 깨닫곤 했다. 그렇게 함으로써 나는 나의 내적 존재 안에 강한 영적 우물을 만들고 있었다. 그것은 나에게 큰 내적 힘과 새로운 건강을 주어서, 나는 그것을 신체적으로도 느끼기 시작했다.

예수님은 살아계신 포도나무시다

나는 건강과 웰빙을 향한 우리의 여정에서 영의 건강이 가장 중요한 부분이라고 믿는다. 건강한 영은 우리 삶의 다른 모든 것이 세워지는 기반이며, 모든 진정한 힘의 원천이다. 더 나아가서, 우리의 영과 우리의 영적 생명의 건강을 최우선순위로 삼을 때, 그것은 일종의 면역체계가 된다. 상처와 장애물들이 우리에게 다가오더라도 하나님과 만나고 교제함을 통해 영적 힘을 얻으면 어려움을 극복하게 된다. 거꾸로 말해서, 만일 우리 삶에서 이 부분이 약하면 우리는 형통하지 못하고, 상처, 장애물, 어려움들을 이겨내기 힘들어질 것이다.

한번은 한 학생이 내게 역경들이 잇따르는 속에서 어떻게 리더로서 역할을 감당하느냐고 물었다. 나는 내가 이런 스트레스 요인들을 다루는 비결은 아침에 집을 나서기도 전에 하나님과 반드시 시간을 갖는 것이라고 말했다. 하나님이 나의 반석이시므로, 어떤 것이 나를 공격하려고 할 때마다, 나는 하나님 안의 견고한 닻이 나를 튼튼히 붙잡아주는 것을 안다. 물론 나도 때때로 좀 흔들리지만, 나의 평화는 하나님이 항상 계셔서 나의 닻이 되시고, 나를 보호하시고, 나를 붙잡아주신다는 것을 아는 데서 온다. 예수님이 말씀하셨다.

> 내 안에 거하라 나도 너희 안에 거하리라 가지가 포도나무에 붙어 있지 아니하면 스스로 열매를 맺을 수 없음 같이 너희도 내 안에 있지 아니하면 그러하리라 나는 포도나무요 너희는 가지라 그가 내 안에, 내가 그 안에 거하면 사람이 열매를 많이 맺나니 나를 떠나서는 너희가 아무 것도 할 수 없음이라
>
> ■ 요한복음 15:4-5

우리의 길을 비춰주는 빛

당신의 영을 건강하게 하는 중요한 또 다른 방법은 성경으로 철저히 무장하는 것이다. 하나님의 말씀을 읽고 인용하며 소리 내어 선포하는 것은 공격에 대항하는 강력한 무기이며, 또한 우리 자신의 내적 존재에게 하나님의 진리를 일깨우는 방법이다. 그것은 내가 개인적으로 사용하는 무기였지만, 전에 우리 교회에서도 그런 예를 보게 되

었다.

웨슬리와 스테이시 캠벨 부부는 성경을 매일 소리 내어 선포한다. 나는 그것에 큰 영향을 받았다. 나는 그들을 캘리포니아, 레딩에 있는 우리 베델 교회에 처음 초청했던 때를 결코 잊지 못할 것이다. 웨슬리는 일어나서 나누고 나서, 하나님께서 우리 모두에게 의자에서 일어나, 성경을 가지고 걸으며, 성경을 소리 내어 읽으라고 하시는 것을 느꼈다고 말했다. 그 다음에 그는 계속 그렇게 하면서 밖으로 나가라고 말했다. 온 무리가 일어나, 성경을 들고, 실내를 돌며 행진한 후, 신나게 뒷문으로 나가서 주차장으로 갔다. 하나님의 말씀을 우리 교회와 도시에 선포한 것이다. 그것이 지역 사회와 교회 모두에 영적 변화를 가져왔다. 그것은 승리의 순간이었고, 나는 그 날 우리 모두에게 임한 돌파를 항상 기억할 것이다.

리해나는 대식증에서 회복된 여성인데, 그녀도 웨슬리와 스테이시 캠벨의 메시지를 들었다고 했다. 그것은 기도하며 우리 삶에 대해 성경 말씀을 선포하라는 것이었으며, 리해나도 그것에 깊이 영향을 받았다고 했다. 그래서 그녀도 회복의 여정을 시작하게 되었고, 그 영적 훈련이 리해나의 가장 강력한 무기가 되었다고 했다. 리해나는 승리와 정체성에 대한 성경 구절을 찾아서, 자신에 대해 매일 선포하곤 했다. 리해나는 자신이 회복한 것은 그 메시지를 듣고 실제로 하나님의 말씀을 매일 선포한 훈련 덕분이라고 말한다.

이것이 특히 중요한 이유는 그것이 성경의 본질과 일치하기 때문이다. 성경은 하나님의 레마의 말씀이다. 레마라는 단어는 입에서 나온 발화된 말을 의미한다. "레마는 성령께서 우리에게 일깨우시는 성경 구절로서 현재의 상황이나 방향의 필요성에 대해 적용된다."[2] 하나님의 말씀은 강력하고 살아있다. 다음은 성경의 능력에 대한 내가 좋아하는 구절들이다. 성경이 우리에게 영적으로 힘을 줘서, 그 결과 신체적으로도 힘을 준다.

> 하나님의 말씀은 살아 있고 활력이 있어 좌우에 날선 어떤 검보다도 예리하여 혼과 영과 및 관절과 골수를 찔러 쪼개기까지 하며 또 마음의 생각과 뜻을 판단하나니
>
> ■ 히브리서 4:12

> 내 아들아 내 말에 주의하며 내가 말하는 것에 네 귀를 기울이라 그것을 네 눈에서 떠나게 하지 말며 네 마음 속에 지키라 그것은 얻는 자에게 생명이 되며 그의 온 육체의 건강이 됨이니라
>
> ■ 잠언 4:20-22

네 하나님 여호와를 섬기라 그리하면 여호와가 너희의 양식과 물에 복

---

2 — "What is 'Rhema'? '레마'란 무엇인가?" Advanced Training Institute International, http://ati.iblp.org/ati/family/articles/concepts/rhema/.

을 내리고 너희 중에서 병을 제하리니

■ 출애굽기 23:25

스스로 지혜롭게 여기지 말지어다 여호와를 경외하며 악을 떠날지어다 이것이 네 몸에 양약이 되어 네 골수를 윤택하게 하리라

■ 잠언 3:7-8

여호와여 주는 나의 찬송이시오니 나를 고치소서 그리하시면 내가 낫겠나이다 나를 구원하소서 그리하시면 내가 구원을 얻으리이다

■ 예레미야 17:14

열두 해 동안이나 혈루증으로 앓는 여자가 예수의 뒤로 와서 그 겉옷 가를 만지니 이는 제 마음에 그 겉옷만 만져도 구원을 받겠다 함이라 예수께서 돌이켜 그를 보시며 이르시되 딸아 안심하라 네 믿음이 너를 구원하였다 하시니 여자가 그 즉시 구원을 받으니라

■ 마태복음 9:20-22

하나님의 말씀은 능력이 있고 그 어느 검보다 예리하다. 얼마나 놀라운 도구를 하나님이 우리에게 주어 사용하게 하셨는가? 우리가 기록된 하나님의 말씀을 소리 내어 말할 때, 하나님이 그 말씀을 우리의 전 존재에 활발히 역사하게 하실 것이다! 나는 성경을 소리 내

어 읽는 것에 능력을 방출시키는 뭔가가 있다고 느낀다. 내가 믿기로는 당신이 하나님의 것들을 소리 내어 말할 때, 영적 세계, 천사와 사탄 모두에게 당신이 서있는 자리를 알려서 그 결과 주변 분위기가 바뀐다.

얼마 전에, 한 여성이 건강과 웰빙에 대한 나의 포스팅을 보고서 나에게 도움을 요청했다. 지난 몇 달 동안 그녀는 자신의 이야기를 나와 나누었다. 나는 자신의 삶에 대해 선포의 능력을 사용하여 생각을 새롭게 하려는 그녀의 자발적인 태도와 헌신에 감동했다. 나는 그녀에게 자신의 이야기를 좀 나누어달라고 요청했다. 그것이 당신에게도 도움이 되기를 바란다.

3.2킬로그램. 그것이 내가 몸무게가 가장 작았을 때였다. 나는 아동기에 몇 킬로그램 살짝 쪄서 고민했던 적이 있지만, 나의 원래 몸무게에 200킬로그램을 더하게 될 것이라고는 생각해본 적이 없었다. 살이 좀 쪘다가, 빠졌다가, 다시 찌고, 전보다 조금 더 찐다. 그것이 내 삶의 끊임없는 사이클이 되었다. 나는 결혼할 때 57킬로그램이었는데 3년 후 결혼생활에 종지부를 찍을 때는 136킬로그램이 넘었다. 살이 많이 찐 후에, 나는 1년 넘게 노력해서 113킬로그램 이상을 뺐다. 그런 놀라운 업적을 이루고 나서, 다시 그 살이 고스란히 찌고, 게다가 조금 더 늘어날 것이라고는 상상도 못했다.

늘 다람쥐 쳇바퀴 같은 사이클이었다. 마음을 단단히 먹고 최신 다이어트 계획에 열정적으로 참여해서 몇 킬로그램 빼고 나서, 초점을 잃고, 희망을 잃고 마침내 포기하여, 결국 나는 믿을 수 없는 200킬로그램이 넘는 몸무게를 갖게 되었다. 나는 겨우 157센티미터이고 골격이 작다. 어떻게 이럴 수 있는가? 왜? 내가 무엇을 잘못한 것일까? 어떻게 이런 일이 계속 일어나는가? 나는 비교적 지적이고, 대학교 학위도 두 개가 있다. 나는 활동적이고, 건강과 다이어트에 대해 잘 안다. 나는 건강한 음식을 좋아하고, 건강한 삶이 영적, 정신적, 정서적, 신체적으로 어떤지 안다. 나는 쾌활하고, 참을성이 있고, 평화로운 기본 성격을 가졌다. 나는 심지어 거의 매일, 새벽 4시 반마다 수영도 한다.

몇 년에 걸쳐 나처럼 살을 많이 뺄 수 있었다면, 그 자제력과 의지력은 대단하다. 그러나 뜻하지 않게 끊임없이, 나는 수많은 건강하지 않은 선택들로 돌아가고, 매번 그 선택들은 나를 하나님 아버지께서 창조하신 의도로부터 더 멀어지게 했다.

그러던 어느 날 뭔가가 달라졌다. 2014년 초에 나는 베니 존슨이 전반적 건강에 대해 페이스북에 포스팅한 것을 보기 시작했다. 나는 용기를 내서 메시지를 보냈고 나의 현 상태에 대해 조언을 구했다. 나는 그녀의 은혜로운 답장에 감동했고, 그 첫 만남은 삶을 변화시키는 촉매가 되었다. 매우 실행 가능한 "매일 해야 할 것들"과 "절대 하지 말아야 할 것들"의 간단한 목록 외에도, 그녀는 일반 서적인 존 게이브리얼의《게이브리얼 방법》을 추천해줬다. 그의 기본 원리는 정신 신체 통합 접근법으로서, 다른 다이어트 책들처럼 음식 섭취와 운동에만 초점을 맞추지 않는다. 그것은 일반 서적이었지만, 성경의 원리들과 일치하는 개념들이라는 것이 분명했다. 특히 선포의 능력이 그렇다.

그것은 뭔가 나에게 들어맞았다! 나는 이 성경 말씀이 생각났다. "오직 마음을 새롭게 함으로 변화를 받아"(롬 12:2). 뉴리빙 번역은 이렇다. "하나님이 당신이 생각하는 방식을 바꾸어주셔서, 당신을 새 사람으로 탈바꿈시키시게 하라."

나는 치유와 건강에 대한 성경 구절들을 조사하고, 자료를 수집하고, 그것을 가지고 감상문 일기를 쓰기 시작했다. 이어서, 나는 그것을 소리 내어 말하기 시작했고 나 자신에 대해 꾸준히 선포했다. 더 좋은 음식 선택과 운동과 더불어, 나는 나의 몸과 정신에게 하나님 나라의 원리들에 순복하라고 명령하기 시작했다. 나는 원래 그 원리들대로 창조되었다.

오래지 않아, 나에게 작지만 일관된 변화들이 일어나기 시작했다. 나는 이제 단지 먹기 위해 음식을 탐하지 않았다. 특히 밤에 말이다. 나는 스트레스가 심하고 매우 감정이 복받치는 상황 속에서 타오르는 식욕과 싸우지 않아도 되었다. 깨닫는 데 한참 걸렸지만, 가장 뚜렷한 변화는 자기 의지력이 주도하는 감량 방법에 이제 집착하지 않는다는 것이다. 뭔가 변했다.

핵심은 내가 하나님의 말씀대로 세 부분으로 이뤄진 존재라는 사실을 간과하고 있었다는 것이다. 전에 내가 건강한 체중을 갖고 유지하려 애썼지만, 이번에야말로 처음으로 나의 정신, 몸, 영이 일치를 이루었던 것이다. 균형이 이루어졌다.

건강에 있어서, 현재 나의 상태로부터 결국 내가 도달할 종착점까지 아직 갈 길이 멀다. 그러나 좋은 소식은 나의 패러다임이 변화되었다는 것이다. 과거에는 다람쥐 쳇바퀴 증후군이 지배했지만, 이제 나의 현재나 미래는 그렇지 않다.

핵심적이고 가시적인 진리의 능력을 사랑의 아버지께서 우리에게 남겨주셨고, 그 진리는 내가 이제는 사망과 파멸을 가져오는 거짓말들의 종이 아니라고 선포한다.

나는 내 생각을 바꾸었다!

드웰라

보다시피, 그녀에게 그전까지 다이어트가 효과가 없었던 것은, 그녀가 먼저 혼, 몸, 영을 일치시켜야 했기 때문이었다. 이뤄진 변화가 지속되려면 그 변화는 당신의 마음속에서부터 시작되어야 한다.

그래서 나는 당신이 자신의 혼, 몸, 영에 소리 내어 읽으며 선포할 성경 구절들을 모아보았다. 하나님의 약속을 가지고 믿음으로 참여하라. 그러면 당신은 성경의 또 다른 진리를 경험할 것이다. 그것은 믿음은 하나님의 말씀을 들음에서 온다는 것이다. 즉 당신이 성경 말씀을 선포할 때 당신의 믿음이 굳건해질 것이라고 하나님이 보장하신다.

신체의 치유

여호와 내 하나님이여 내가 주께 부르짖으매 나를 고치셨나이다

■ 시편 30:2

그는 실로 우리의 질고를 지고 우리의 슬픔을 당하였거늘 우리는 생각하기를 그는 징벌을 받아 하나님께 맞으며 고난을 당한다 하였노라 그가 찔림은 우리의 허물 때문이요 그가 상함은 우리의 죄악 때문이라 그가 징계를 받으므로 우리는 평화를 누리고 그가 채찍에 맞으므로 우리는 나음을 받았도다

■ 이사야 53:4-5

그가 그의 말씀을 보내어 그들을 고치시고 위험한 지경에서 건지시는도다

■ 시편 107:20

그리하면 네 빛이 새벽 같이 비칠 것이며 네 치유가 급속할 것이며 네 공의가 네 앞에 행하고 여호와의 영광이 네 뒤에 호위하리니

■ 이사야 58:8

여호와의 눈은 의인을 향하시고 그의 귀는 그들의 부르짖음에 기울이

시는도다 의인이 부르짖으매 여호와께서 들으시고 그들의 모든 환난에서 건지셨도다

■ 시편 34:15,17

하나님은 우리의 피난처시요 힘이시니 환난 중에 만날 큰 도움이시라

■ 시편 46:1

도둑이 오는 것은 도둑질하고 죽이고 멸망시키려는 것뿐이요 내가 온 것은 양으로 생명을 얻게 하고 더 풍성히 얻게 하려는 것이라

■ 요한복음 10:10

영의 치유

그러므로 이제 그리스도 예수 안에 있는 자에게는 결코 정죄함이 없나니 이는 그리스도 예수 안에 있는 생명의 성령의 법이 죄와 사망의 법에서 너를 해방하였음이라

■ 로마서 8:1-2

또 그리스도께서 너희 안에 계시면 몸은 죄로 말미암아 죽은 것이나 영은 의로 말미암아 살아 있는 것이니라

▪ 로마서 8:10

내가 여호와께 바라는 한 가지 일 그것을 구하리니 곧 내가 내 평생에 여호와의 집에 살면서 여호와의 아름다움을 바라보며 그의 성전에서 사모하는 그것이라

▪ 시편 27:4

주께서 생명의 길을 내게 보이시리니 주의 앞에는 충만한 기쁨이 있고 주의 오른쪽에는 영원한 즐거움이 있나이다

▪ 시편 16:11

정서의 치유

상심한 자들을 고치시며 그들의 상처를 싸매시는도다

▪ 시편 147:3

아무 것도 염려하지 말고 다만 모든 일에 기도와 간구로, 너희 구할 것을 감사함으로 하나님께 아뢰라 그리하면 모든 지각에 뛰어난 하나님의 평강이 그리스도 예수 안에서 너희 마음과 생각을 지키시리라

▪ 빌립보서 4:6-7

내 영혼아 네가 어찌하여 낙심하며 어찌하여 내 속에서 불안해 하는가 너는 하나님께 소망을 두라 그가 나타나 도우심으로 말미암아 내가 여전히 찬송하리로다

▪ 시편 42:5

주께서 나의 슬픔이 변하여 내게 춤이 되게 하시며 나의 베옷을 벗기고 기쁨으로 띠 띠우셨나이다

▪ 시편 30:11

여호와는 마음이 상한 자를 가까이 하시고 충심으로 통회하는 자를 구원하시는도다

▪ 시편 34:18

이 말씀은 나의 고난 중의 위로라 주의 말씀이 나를 살리셨기 때문이니이다

▪ 시편 119:50

너희는 강하고 담대하라 두려워하지 말라 그들 앞에서 떨지 말라 이는 네 하나님 여호와 그가 너와 함께 가시며 결코 너를 떠나지 아니하시며 버리지 아니하실 것임이라 하고

▪ 신명기 31:6

하나님이 우리에게 주신 것은 두려워하는 마음이 아니요 오직 능력과 사랑과 절제하는 마음이니

■ 디모데후서 1:7

오직 너희의 심령이 새롭게 되어 하나님을 따라 의와 진리의 거룩함으로 지으심을 받은 새 사람을 입으라

■ 에베소서 4:23-24

주께서 심지가 견고한 자를 평강하고 평강하도록 지키시리니 이는 그가 주를 신뢰함이니이다

■ 이사야 26:3

이 중에서 세 구절을 매일 신체적, 정서적, 영적 건강에 대해 선포하면, 당신의 삶에서 놀라운 변화를 볼 것이라고 확신한다. 당신의 존재 안에서 믿음과 소망이 일어나기 시작할 것이다. 읽으면서 그 말씀의 의미와 내용에 연결되라. 왜냐하면 그 안에 능력과 치유가 있어서 당신의 삶을 변화시킬 것이기 때문이다.

후기

"하나님이 그것을 창조하셨다. 예수님이 그것을 위해 죽으셨다.

성령이 그 안에 거하신다.

이제 나는 그것을 잘 관리해야 할 것이다."

· 릭 워렌 ·

건강과 웰빙으로 가는 여정은 정말 여정이다. 탐구, 방랑, 승리, 자신의 발자취를 추적해 제 길로 돌아가는 순간들이 많다.

나의 이야기에서 보듯이, 항상 쉽지는 않았다. 나도 앉아서 나의 "왜"에 대해 확인해야 하는 순간들이 있었다. 나는 나의 생각을 하늘의 생각과 일치시켜야 했고, 하나님의 관점으로 보아야 했고, 하나님의 진리를 선포해야 했다.

당신이 그만두고 싶은 순간들이 있더라도 그러지 말고, 당신을 이끌어주시는 하나님의 힘을 의지하기를 기도한다. 명심하라. 당신보다 하나님이 더 당신이 성공하는 것을 보고 싶어 하신다. 건강은 태초부터 하나님의 생각이었다. 하나님이 당신의 영, 혼, 육을 만드셨다. 당신의 존재의 그 세 부분은 연결되어 있고, 그들이 건강하고 서로 조화를 이룰 때, 당신은 웰빙을 경험할 것이다. 명심하라. 하나님이 우리를 아름다운 걸작품으로 디자인하셨다. 하나님이 우리를 하나님께 영광 돌리도록 기능하게 만드셨다.

작게 시작하기를 두려워하지 말라. 작은 아기 걸음마부터 걷기 시작하라. 그러면 그 작은 걸음마들이 승리로 바뀔 것이다. 그 승리는 더 큰 승리로 이어질 것이다. 나는 당신을 믿는다. 당신은 이기는 자다. 당신은 건강하고 자유로운 삶을 살도록 태어났다!

당신의 건강에 이 책을 바친다.

베니 존슨

레시피

건강한 음식이라고 해서 아무 맛도 없어야 하는 것은 아니다. 나의 열정 중 하나는 건강한 음식을 요리하는 것이다. 왜냐하면 나는 그 결과를 즐기는 것을 좋아하기 때문이다. 그것이 내 몸에 좋다는 것을 알기 때문이다. 당신의 시작을 도울 몇 가지 레시피들을 소개한다.

스무디

그린 레모네이드 주스
로메인 상추 다진 것 2줌
생 유기농 벌꿀 1숟가락
껍질 벗긴 레몬 1개
파란 사과 1/2개
아보카도 1/2개

모든 재료를 블렌더에 넣고 반 컵의 정수한 물이나 코코넛 워터와 함께 간다.

프로틴 복숭아 주스

작은 복숭아 1개

라즈베리 1/4 컵

프로틴 파우더 1/4컵

생 차이 프로틴 파우더 1/4 컵

아마씨 밀크 1컵

정수된 물 1/2컵

마카 파우더 1/2티스푼

마그네슘 1티스푼

스티비아 2봉지

모든 재료를 블렌더로 갈아서 마신다.

마카 에너지 드링크 (마카는 페루의 인삼으로 알려진 건강식품-역주)

코코넛 워터 340-450그램 (코코넛이 없으면 다른 주스를 쓰라)

마카 1/3티스푼

스피룰리나 1과 1/2티스푼 (건강 해초 가루-역주)

생 코코아 파우더 1순가락 (나는 무지방 원더코코아를 사용한다. 99.7% 카페인 프리이기도 하다)

구기자 열매 1줌 혹은 구기자 파우더 1/2-1티스푼

블렌더로 갈아서 마신다. (나는 몇 방울의 스티비아를 넣는다.)[1]

아침 식사

홈메이드 그래놀라
6컵의 물에 불린 너트류(나는 아몬드와 캐슈넛을 좋아한다)
생 벌꿀 1/2컵
마카 파우더 2순가락 (취사선택)
대추야자 3/4컵
아마씨 1/4컵
바닐라 1순가락
메밀가루 1/4컵 (취사선택)
삼씨 1/2컵
치아씨 1/4컵

너트를 정수된 물에 최소한 네 시간, 혹은 밤새 담가둔다. 물을 빼고 너트를 푸드 프로세서에 벌꿀, 마카, 대추야자, 아마씨, 바닐라와

---

1 — erzog, Natural to Supernatural Health 초자연적 건강에 이르는 자연적 방법, 72.

함께 넣는다. 블렌더로 간다. 질감이 살아있으려면 너무 많이 갈지 않아야 한다. 그 너트 믹스를 큰 볼에 붓고 삼씨와 치아씨를 섞는다. 믹스를 건조 트레이에 펴놓고 48도에서 최소한 12시간 말린다.

아사이 볼
아사이 파우더 1봉지 (혹은 1 숟가락)
치아씨 2순가락
물이나 유기농 사과 주스 1컵

재료를 블렌더로 갈아서 한두 시간 냉장고에 넣어둔다. 푸딩처럼 되면, 그 위에 좋아하는 과일, 건강한 그래놀라로 토핑한다.

퀴노아 프로틴 팬케이크
달걀 2개
아몬드 밀크 2컵
레몬 주스 1과 1/2티스푼
코코넛유 4순가락
아몬드 가루 2컵
헤이즐넛 가루 1/2컵
야자 설탕 2순가락
베이킹파우더 2티스푼

베이킹소다 1티스푼

소금 1티스푼

요리된 붉은 퀴노아 2컵

타피오카 가루 1숟가락

아몬드 밀크를 작은 볼에 담고 레몬주스를 넣는다. 한 번 젓고서 5분간 둔다. 가루들, 설탕, 베이킹파우더, 베이킹소다, 소금을 볼에 섞는다. 달걀을 믹싱 볼에 넣고 거품기로 젓는다. 코코넛유, 마른 재료들, 밀크를 달걀에 더해 섞는다. 퀴노아를 반죽에 넣고 섞는다. 너무 많이 섞지 말라. 팬을 중간이나 중상 온도로 가열하고 코코넛유를 바른 다음 반죽을 팬에 붓는다. (팬케이크 하나당 1/4 컵) 그리고 팬케이크가 부풀어 오르고 가장자리가 익을 때까지 굽는다. 그런 다음에 팬케이크를 뒤집어 30초 동안 반대쪽도 굽는다.

점심 식사

참치 샐러드 상추 랩

이것은 건강을 해치지 않는 좋은 점심 식사다! 색다르게 하려면 잘게 찢은 닭고기로도 해보라.

흰날개 다랑어 1캔

적포도 1줌

셀러리 1줄기

히말라야 소금

후추

커민

비거니즈(식물성 마요네즈) 1과 1/2숟가락

참치와 비거니즈를 섞는다. 적포도와 셀러리를 잘게 썰어서 참치 믹스에 넣는다. 히말라야 소금, 후추, 커민으로 맛을 낸다. 로메인 상추 위에 얹어서 싸먹으면 된다.

치킨 텐더 스트립

이것은 치킨 너겟 대신에 건강한 대안이 된다. 어린이나 어른 모두 좋아한다!

뼈 없는 닭가슴살 3개

달걀 2개

아몬드 가루 1컵

마늘 파우더 1티스푼

파프리카 1티스푼

소금과 후추로 맛내기

오븐을 218도로 예열한다. 닭고기를 길게 2.5센티미터 폭으로 자른다. 아몬드 가루, 마늘 파우더, 파프리카, 소금, 후추를 섞는다. 달걀에 거품을 낸다. 치킨 스트립을 달걀에 넣고 나서 드라이 믹스로 코팅한다. 종이 호일을 깔고 오븐에 넣어서 10분 동안 굽거나 치킨이 완전히 익을 때까지 굽는다.

프로틴 파프리카
간 닭고기 (혹은 당신이 원하는 갈은 고기) 450그램
양파 1개 다진 것
셀러리 1줄기 다진 것
토마토 페이스트 1캔
미니 파프리카 1봉지
소금과 후추로 맛내기

닭고기를 소금과 후추로 간해서 완전히 익을 때까지 볶는다. 기름을 뺀다. 다진 양파와 셀러리를 더하고, 토마토 페이스트를 넣어 섞는다. 파프리카의 꼭대기를 잘라내고 씨를 빼낸다. 파프리카를 치킨 믹스로 채운다. 파프리카가 부드러워질 때까지 오븐의 브로일러에서 낮은 온도로 굽는다.

저녁 식사

글루텐과 곡물 프리 피자

크러스트:

    달걀 2개

    아몬드 가루 1과 1/2컵

    액체 기 버터 (혹은 유기농 "풀만 먹은 소"의 버터) 3숟가락

    글루텐 프리 베이킹파우더 1/2티스푼

    소금 1티스푼

    바질 가루나 다진 것 1/2티스푼

    마늘 파우더 1/2티스푼

토핑:

    토마토 페이스트 1/4컵

    소금 1티스푼

    바질 가루 1/2티스푼

    원하는 고기

    다진 토마토 1줌

    혼합 올리브(검은색과 초록색) 1줌

    치즈 (아무 것이나 선택하는 대로) 1/2컵

크러스트 재료를 섞어 반죽을 만들어서 냉장고에 30분 동안 둔다. 숙성되고 나서, 두 장의 종이 호일 사이에 넣고, 피자 롤러로 밀어서 도우를 만든다. 도우를 5분 동안 177도에서 굽는다. 오븐에서 꺼내서 토마토 페이스트를 바르고, 소금과 바질을 뿌리고, 다른 모든 재료들을 그 위에 올린다. 같은 온도로 10-15분 더 굽는다.

생 팟타이

야채:

 채 썬 양배추 6컵

 당근 큰 것 4개

 실란트로(고수 잎) 1묶음 잘게 다진 것

 주키니 호박 큰 것 2개 채 썬 것

 노란 파프리카 큰 것 1개

소스:

 생 아몬드 버터 1컵

 신선한 생강 4순가락

 정수된 물 1컵

 신선한 레몬주스 8순가락

 순수한 메이플 시럽 1/2컵

 나마 쇼유(생발효 일본 간장-역주) 6순가락

참기름 9티스푼

고추(취사선택) 1개

마늘 2-3쪽

베이스:

어린 코코넛 과육 2-3개

토핑:

캐슈넛 1줌

새싹 채소

야채를 준비해 볼에 섞는다. 소스 재료들을 섞어서 블렌더에 넣고 크림 상태가 될 때까지 간다. 접시에 코코넛 과육을 놓고 신선한 야채들을 그 위에 놓는다. 소스를 야채 위에 붓고 잘 버무려질 때까지 섞는다. 다진 캐슈넛과 새싹 채소로 토핑한다.

주들 Zoodle

"주들"(혹은 주키니 국수)은 내가 쉽고 빨리 건강한 음식을 먹어야 할 때 만드는 것이다! 주들로 많은 것을 할 수 있다. 절대 물리지 않을 것이라고 내가 장담한다! 나는 당신에게 스파이럴 야채 슬라이서를 사라고 권하고 싶다. ("스파이럴라이저"라고도 한다.) 온라인으로 구매할 수 있다. 내가 좋아하는 간단한 레시피는 다음과 같다.

    커다란 주키니 호박 2개

    유기농 올리브유 1/4컵

    다진 방울토마토 1컵

    레몬 1/2개

    소금과 후추로 맛내기

주키니 호박을 스파이럴 슬라이스 해서 볼에 담는다. 방울토마토와 올리브유를 더해 섞는다. 레몬을 짜서 위에 뿌리고 소금과 후추로 맛을 낸다.

디저트

    프로틴 "아이스크림"

    아몬드 밀크 3컵

    유기농 프로틴 파우더 3스쿠프

    코코아 2숟가락

    스티비아로 맛내기

재료를 섞어 아이스크림 메이커에 넣고 아이스크림의 굳기가 되게 한다. 신선한 과일, 대추야자, 너트로 토핑한다.

글루텐 프리 생강 오트밀 쿠키

잘 익은 바나나 2개

메이플 시럽 2숟가락

포도씨유나 코코넛유 2숟가락

글루텐 프리 납작귀리 1과 1/2컵

아마씨 가루 2숟가락

계피가루 1과 1/2티스푼

대추야자 다진 것 2개

신선한 생강 다진 것 1숟가락

구기자 1/4컵

크랜베리 1/4컵

공정무역 다크 초콜릿 1/4컵

오븐을 177도로 예열한다. 바나나를 완전히 부드러워지도록 으깬 후 메이플 시럽과 포도씨유를 넣어 섞는다. 다른 볼에 귀리, 아마씨, 계피, 대추야자, 생강, 구기자, 크랜베리를 섞는다. 바나나 믹스를 더해 완전히 섞일 때까지 젓는다. 다크 초콜릿을 다져서 넣는다. 종이 호일이나 기름을 바른 쿠키 시트에 올리고, 오븐에서 10분간 굽는다.

생 초콜릿 푸딩

신선한 코코넛 과육 2컵 (혹은 나는 동네 아시아 식품점에서 산 코코넛 스트링을 쓴다)

코코넛 스트링 2컵

코코넛 워터 3/4컵

메이플 시럽 1/2컵

생 아가베 넥타 3/4컵

코코아 파우더 1/2컵

바닐라 2순가락

바다 소금 1/4티스푼

모든 재료들을 블렌더에 넣고 갈아서 부드러운 푸딩 상태가 되게 한다. 먹기 전에 냉장고에 2-3시간 넣어둔다.

기타

마스터 토닉 (역주-건강음료 엑기스)

이것은 특히 겨울에 면역체계를 강화시킨다. 천연 항생제와 항염증제가 가득하다.

동량의 신선한 다진 마늘

동량의 신선한 다진 양파

동량의 신선한 강판에 간 생강

동량의 신선한 강판에 간 홀스래디시 뿌리

동량의 신선한 다진 고추 (고추를 다질 때는 장갑을 끼라.)

거르지 않은 생 사과 사이다 식초

(나는 가능하다면, 신선한 유기농 허브만을 사용할 것을 권장한다. 그러면 가장 효과가 큰 마스터 토닉이 될 것이다. 생것이 없을 때만 대용으로 말린 허브를 사용하라.)

식초를 제외한 재료로 유리병의 4분의 3을 채우고 사과 사이다 식초로 병을 가득 채운다. 그런 다음 뚜껑을 꼭 닫고 흔들어, 싱크대 위에 두라. 2주 동안 최소한 하루에 한 번 흔들어준다. 그러고 나서 깨끗한 천으로 걸러 병에 넣고 라벨을 붙여 냉장고에 둔다. 이 토닉을 최소한 하루에 한 번씩 흔들어준다.

하이비스커스(하와이 무궁화) 콤부차

콤부차는 효소들과 유산균이 풍부하여, 소화기관을 건강하게 지켜준다. 다음은 내가 집에서 자주 만드는 레시피다.

디카페인 녹차 티백 4개

말린 하이비스커스 1/4컵

유기농 설탕 1컵

정수된 물 3리터

콤부차 1/2컵

유기농 스코비 (유산균 배양 모체) 1개

  물을 가열하여 끓으면 불을 끄고 설탕을 넣는다. 설탕이 완전히 녹을 때까지 젓는다. 티백과 하이비스커스를 넣는다. 30분 후에 티백을 꺼내고 완전히 식힌다. 다 식으면, 3.8리터들이 병에 붓고 콤부차와 스코비를 넣는다. 키친타월이나 얇은 천으로 덮으라. 마개로 밀폐하지 말라. 항아리를 어두운 곳에 7-9일간 두고 움직이지 말라. 그 다음에 기존의 스코비를 꺼내라. (이제 새 스코비도 생겼을 것이다. 그것은 다음에 사용할 수 있다. 기존의 스코비도 다음에 다시 사용할 수 있다.)

  이 주스를 항아리에 붓고 뚜껑을 덮어 2차 발효를 준비한다. 이때는 주스나 생강을 넣을 수 있다. (나는 생강 주스를 사용하고 가끔 과일 주스도 사용한다.) 조금(두세 숟가락)만 넣어도 효과가 크다. 항아리 뚜껑을 덮고 싱크대 위에 사흘을 두고 나서, 냉장고에 보관한다.

Q: 염증이나 근육통에 좋은 에센셜 오일은 무엇인가?

A: 나는 영 리빙의 페퍼민트 오일을 늘 사용한다. 그것은 염증을 완화시킬 뿐 아니라 알레르기도 완화시킨다. 페퍼민트 오일 두 방울을 손에 떨어뜨려, 양손을 비비고서 그 손바닥으로 뒷목을 감싼다. 그 다음에 세 번 냄새를 들이마신다. 근육통 완화를 위해서는, 두 방울을 손바닥에 떨어뜨려 비비고서 그 손으로 아픈 곳을 문지른다. 혹은 두 방울을 좋은 로션이나 코코넛유에 떨어뜨려 아픈 근육을 문질러도 된다.

다른 오일들도 많고, 구글에서 당신이 직접 찾아봐도 되지만, 페퍼민트가 나에게는 가장 효과가 크다. (내가 헬스장에 가면 사람들이 다 안다. 왜냐하면 나는 항상 라커룸에서 그것을 바르고 나오기 때문이다.) 내가 영 리빙에서 방금 구매한 다른 상품으로는 오르토 스포츠 마사지 오일 Ortho Sport Massage Oil이 있다. 그것도 효과가 좋다.

Q: 계피 에센셜 오일의 효능은 무엇인가?

A: 계피는 항염증, 항박테리아 기능이 강하고, 위장을 보호한다(위궤양 예방). 또한 항기생충 작용을 하고, 심혈관계 질환, 전염병, 소화문

제, 사마귀에 좋다.

사용법: 나는 계피 오일과 다른 순수 오일(가령 올리브유나 코코넛유)을 1:4의 비율로 섞어 희석해 사용한다. 아픈 부위나 혹은 발의 해당 혈점에 바른다. 보충제로 섭취할 수도 있다. 한두 방울을 식물성 캡슐에 넣어서 복용하면 된다. 그러나 빈 속에는 먹지 말라. 이것을 흔히 "강한 오일"이라고 한다. 그러므로 섭취할 때 주의하라.

Q: 왜 단백질이 몸에 좋은가?

A: 단백질은 몸의 모든 세포를 구성한다. 사실, 머리카락과 손톱은 주로 단백질로 만들어진다. 당신의 몸이 조직을 구축하고 복구하는 데 단백질을 사용하고, 효소, 호르몬, 다른 신체 화학물질을 만드는 데도 단백질이 필요하다. 단백질은 또한 뼈, 근육, 연골, 피부, 피의 중요한 구성 요소다. 탄수화물과 지방처럼, 단백질은 "다량영양소"다. 즉 건강하려면 비교적 많은 양이 필요하다. (비타민, 미네랄은 소량이 필요하며, "미량영양소"라고 불린다.) 몸은 탄수화물이나 지방처럼 단백질을 저장하지 않는다. 그러므로 단백질이 부족하면 끌어올 저장소가 몸에 없다. 그러므로 고단백질 식품을 섭취하는 것은 많은 유익이 있다. 그것은 다음과 같다.

* 운동 회복이 빠르다.
* 근육 손실을 줄인다.
* 순수 근육을 구축한다.

* 건강한 몸무게 유지를 돕는다.

* 식욕을 억제한다.

식단 중에 단백질을 포함하면, 특히 나이가 들어갈수록, 근육량 유지를 돕는다. (나이가 들면, 근육을 잃는다.)

Q: 평생 운동을 하지 않았다면, 45세 후에 어떻게 근육을 키울 수 있는가?

A: 절대로 늦지 않았다! 40세 무렵에 근육을 잃기 시작하고 나이가 들수록 더 잃는다. 그래서 나이 든 사람들은 배가 나온다. 근육이 지방을 태운다! 그러므로 어떻게 근육을 키울 수 있을까? 내가 상담한 모든 사람들은 근력 운동이 답이라고 말한다. 많은 여자들은 근력 운동을 두려워한다. 근육이 너무 발달해서 "남자처럼 추한 근육"이 될까봐 두렵기 때문이다. 그러나 추가로 약을 먹지 않는 한 그런 일은 일어나지 않는다. 한 주 단위 안에서 요일마다 여러 종류의 근육 운동을 나누어서 하고, 같은 근육으로 다시 운동하기 전에 48시간의 쉬는 시간을 주라. 가령, 등과 이두박근 운동을 한 날에는 그 근육 운동만 강도 높게 하고서 이틀을 쉬어라. 나는 헬스장에 일주일에 세 번 가는데, 가는 날에는 두 종류의 근육 운동을 한다. 월요일에는 가슴과 이두박근, 화요일에는 삼두박근과 등, 금요일에는 어깨와 다리 운동을 한다. 나는 신체 중심부 강화 운동과 복근 강화 운동도 섞어서 한다.

단백질 섭취도 중요하다. 운동 직후(보통 15분 내)가 단백질을 먹거나 단백질 셰이크를 마시기에 최적기다. 그러면 근육이 성장한다. 가능하다면, 트레이너를 일주일 동안 고용하여 한 주 운동 스케줄을 짜는데 도움을 받으라.

Q: 부신 피로가 있거나 다낭성 난소 증후군(PCOS)이 있을 때 어떻게 감량할 수 있는가?

A: 살을 빼는 것보다 더 중요한 것은 먼저 치료되는 것이다. 나는 부신 피로를 겪을 때, 운동을 현저히 줄여야 했다. 나는 쉬운 걷기를 하곤 했고, 스트레칭을 좀 곁들이곤 했다. 나는 나은 후, 다시 헬스장에 갈 수 있었다. 먼저 치료되어야 한다. 왜냐하면 그러지 않으면, 무너져 탈진하는 일이 이어질 것이기 때문이다. 즉 운동 후에는 컨디션이 좋은 것 같다가도, 무너지고 말 것이다. 그것은 악순환이다. 건강을 회복하라. 당신에게 치유의 시간이라는 은혜를 허락하라. PCOS도 마찬가지다. 먼저 치료되어야 한다. 치유를 촉진하는 자연 요법들은 다음과 같다.

* 낮은 GI(혈당지수)의 탄수화물과 충분한 단백질의 균형을 이루라.
* 포화지방 섭취를 줄이라.
* 유제품은 금하거나 제한하라.
* 첨가제, 식품 화학물질과 보존제를 금하라.
* 알코올과 카페인을 금하라.

* 설탕을 금하라.
* 2리터의 정수된 물을 매일 마시라.
* 오메가3 필수 지방산을 식단에 포함하라.

그러한 변화된 라이프스타일을 가지려면, 나는 페일리오 다이어트를 할 것을 제안한다.

Q: 단 것을 먹고 싶을 때 최고의 치료법은?

A: 나는 로메인 상추와 케일 등을 주스로 만들어 마신다. 짙은 푸른잎 채소가 나의 경우에는 단 것을 찾는 입맛을 끊어준다. 나는 그린 레모네이드 주스를 주서나 블렌더로 만든다(블렌더를 사용하는 것이 섬유소를 보존해준다). 레시피는 이렇다.

로메인 상추 다진 것 2줌

생 유기농 벌꿀 1숟가락

껍질 벗긴 레몬 1개

파란 사과 1/2개

아보카도 1/2개

보충제에 관해, 두 가지 온라인 기사가 좋은 제안을 하고 있다. (여기서는 스티비아를 제시하지만, 만일 당신이 임신을 계획하고 있다면 피해야 한다.)

* "단 것을 먹고 싶을 때를 위한 허브 요법" Livestrong.com, http://www.livestrong.com/article/107164-herbal-remedies-sugar-cravings/.

* "단 것에 대한 욕구를 줄이는 5가지 대용품" 3 Fat Chicks on a Diet,

http://www.3fatchicks.com/5-supplements-that-reduce -sugar-cravings/.

Q: 백신과 불소에 대한 당신의 생각은 무엇인지?

A: 개인적으로 나는 둘 다 추천하지 않는다. 백신에 대해서는, 당신의 부르심에 따라서 당신의 마음이 말하는 대로 하라고 말하고 싶다. 나는 백신에 대해 너무 많은 정보를 읽었고 백신을 맞은 결과에 대한 무서운 이야기들을 너무 많이 들었다. 불소에 관해서라면, 나는 가능한 한 최대로 멀리한다. 왜냐하면 불소는 독이고, 유독성 화학물질이기 때문이다. 나는 수돗물의 불소를 제거하는 좋은 정수기를 사용하고, 불소가 없고 충치 예방을 해주는 자일리톨이 들어있는 치약을 사용한다. 그러한 두 가지 상품은 다음과 같다.

* Natural Healing Tooth Powder가 DHerbs.com,에 있다. http://dherbs.com/store/natural-healing-tooth-powder-p-364.html#.VDV6_0R9lec.

* Daily Oral Therapy가 Dr. Schulze's American Botanical Pharmacy에 있다. https://www.herbdoc.comh (이것이 내가 사용하는 치아와 잇몸의 연마제다).

Q: 어떻게 빠듯한 예산으로 건강한 식단을 유지하는가?

A: 미리 계획을 한다. 두 아들은 클 때 식욕이 왕성했다. 그 당시

우리는 참치와 파스타를 많이 먹었다. 현미에 버터를 얹어 먹을 수도 있다(삼씨를 추가해 단백질을 보충하라). 친구들과 함께 공동으로 소 반 마리를 사서 나눠 가질 수도 있다(자연 풀만 먹고 자란 소가 더 좋을 것이다). 뭐든 대용량으로 사는 것이 항상 좋다. 당신이 바쁘다면, 일주일에 하루를 내서 집밥을 미리 만들어서 냉동실이나 냉장실에 보관하라. 절약형 건강 식단 구매 항목은 다음과 같다:

* 현미
* 생야채를 찐 것
* 유기농 버터 (파머스 마켓, 즉 직거래 장터에서 사면 좋다)
* 삼씨 (좋은 단백질 공급원)
* 아보카도 (완전식품!)
* 아몬드 버터 (지방과 단백질의 좋은 급원)

더 좋은 것은 직접 아몬드 버터나 다른 너트 버터를 만드는 것이다. 너트 버터 만들기를 위한 Tasty Yummies의 레시피 사이트는 이렇다.

http://tasty-yummies.com/2014/03/18/how-to-make-homemade-nut-butters/ (이 사이트에서는 먼저 너트를 물에 불린 후 물을 빼라고 하지만, 그러지 않아도 된다.)

Q: 콤부차가 왜 좋은가?

A: 집에서 만든 콤부차는 유산균과 효소를 얻는 좋은 방법이다. 유

산균은 당신의 장에 "유익균"을 제공한다. 항생제를 섭취하면 유익균을 저해한다(항생제는 균과 싸우는 성격이 있으므로). 그리고 다른 이유들로도 유익균이 저해된다. 음식을 익히면 모든 자연 효소가 파괴되는데, 우리가 음식을 소화하려면 효소가 필요하다. 콤부차는 내가 좋아하는 음료수의 하나다. 내 몸이 그것을 원한다. 나의 핀터리스트를 보면(Beni Johnson으로 검색하라), 좋은 레시피들이 있다. 나는 특히 하이비스커스 콤부차의 레시피를 좋아한다.

Q: 여성이 유청단백질을 섭취해도 괜찮은가?

A: 당신이 다룰 수 있으면, 그렇게 하라. 다음 사이트를 보고 어떤 종류의 프로틴이 당신에게 가장 좋을지 결정하기 바란다. 비변성 유청이 더 순수하다. 나도 딱 한 번 비변성 브랜드의 유청을 사용해보았다(스탠더드 프로세스는 좋은 회사다). 더 많은 정보를 다음 PaleoHacks의 웹사이트에서 찾으라.

http://paleohacks.com/whey/undenatured-whey-protein-vs-whey-protein-isolate-4187

Q: 나의 라이프스타일(섭식, 운동)을 어떻게 바꿀 수 있는가? 나는 시간이 별로 없다.

A: 앉아서 당신의 "왜"를 생각해보라. 당신이 변화되어야 하는 이유 말이다. 당신은 굳이 헬스장에 가거나 비건이 되지 않아도 된다.

이것은 당신의 여정이고, 당신이나 가족에게 중요한 것이 무엇인지 당신이 알아내야 한다. 당신 자신을 교육하라. 자신을 어떤 스케줄 속에 집어넣어야 한다면, 그렇게 하라. DVD나 온라인 운동 프로그램을 찾아서 혼자 집에서 하라. 책을 읽고 좋은 웹사이트를 찾으라. 내가 추천하는 자료는 다음과 같다. ①《건강의 기술: 안 아프고 사는 7가지 핵심 원리 The Seven Pillars of Health》, 저자는 돈 콜버트Don Colbert 박사다. ② "Juice Lady"라는 사이트는 Cherie Calbom의 사이트로서 주소는 다음과 같다. http://www.juiceladycherie.com ③조던 루빈Jordan Rubin이 쓴 책들. 나는 항상 페일리오 다이어트 식단으로 먹으라고 추천한다. 그것에 대한 안내서로는 다니엘 워커Danielle Walker의 요리책 시리즈《모든 곡물 금지 Against All Grain》가 있다.

Q: 유제품의 문제는?

A: 상업적으로 생산된 우유가 시판 유제품에 사용되는데, 그 우유에는 소가 섭취한 성장 호르몬과 항생제가 들어 있다. 게다가, 소가 먹은 풀이나 다른 사료에 살충제가 들어 있다. 그 모든 것이 다 우유로 들어간다. 나는 성장 호르몬, 항생제, 살충제를 먹거나 마시고 싶지 않다. 나는 유기농 제품을 추천한다. 이 문제를 이해하는 데 좋은 자료는 조셉 멀콜라Joseph Mercola 박사의 웹사이트다. http://www.mercola.com/article/milk/no-milk.htm

Q: 간단하게 집에서 할 수 있는 운동으로서 바쁜 사람에게 추천할 수 있는 것은?

A: 컴퓨터로 "운동 비디오 workout videos"를 검색해보기 바란다. 나는 밴드를 사용하는 30분의 좋은 운동을 발견했다(나의 블로그, 근육이 있는 할머니들—grandmaswithmuscles.com에 있다). 많은 자료가 인터넷에 있어서 당신이 계속 운동할 수 있도록 도와준다. 나도 집에서 할 수 있는 운동을 나의 블로그에 올렸다. 기본적인 도구만 가지고도 할 수 있다.

Q: 유제품 없는 건강한 레시피들에는 어떤 것이 있는가?

A: 나는 페일리오 레시피를 살펴보기를 추천한다. 왜냐하면 유제품은 빼고 건강한 당, 그리고 밀가루 대용 가루들을 사용하기 때문이다. 다니엘 워커의 시리즈《모든 곡물 금지》를 나는 새로운 아이디어가 필요할 때 본다(웹사이트: againstallgrain.com). 당신도 온라인 자료를 조사하면 아이디어를 얻을 수 있다. 나는 페일리오 레시피가 필요할 때마다 온라인을 살펴본다.

Q: 코엔자임큐텐(CoQ10)에 대한 당신의 생각은 무엇인가?

A: 나는 그것을 매일 먹는다! 나는 항상 좋은 브랜드를 이용하고, 동네 편의점에서 쉽게 살 수 있는 것을 이용하지 않는다. 건강식품점에 가면 좋은 유기농 브랜드를 찾을 수 있다.

Q: 건강한 임신, 출산, 산후조리를 위해 당신이 추천하는 것은?

A: 나는 건강한 삶에 좋은 것이라면 무엇이든 추천한다. 나는《건강의 기술: 안 아프고 사는 7가지 핵심 원리》이라는 돈 콜버트 박사의 책을 강력히 추천한다. 출산 전후로 반드시 잘 먹어야 한다. 몸의 균형을 이루는 것이 중요하다. 운동은 임신 우울증을 제거하는 한 방법이다. 단 언제 얼마나 운동할 수 있는지 의사와 상의하라. 최근에 임신한 친구들로부터 배운 또 다른 팁은 생우유(살균 처리를 하지 않은-역주)를 (믿을 수 있는 유기농으로) 마시라는 것이다. Healing Our Children이라는 웹사이트가 있다. 여기서 많은 사람들이 임신 중에 생우유를 마시라고 권장한다.

http://www.healingourchildren.net/Pregnancy_Diet/raw_milk_pregnancy.htm

Q: 쇠고기의 좋은 대안은 무엇인가?

A: 쇠고기는 건강에 좋은 효능이 있다. 가령 철분과 좋은 지방의 공급원이다. 그러나 만일 당신이 좋은 대안 단백질을 찾는다면, 나는 다음 사이트를 추천한다. http://www.thehealthyhomeeconomist.com/master-tonic-natural-flu-antiviral/ 생선, 닭고기, 삼씨, 삼씨 단백질 파우더, 치아씨, 크랜베리, 콩이 매일의 단백질을 위한 좋은 대안이다.

Q: 폐경기에 어떻게 대처해야 하는가?

A: 건강한 천연 보충제들이 있다. 그 중 하나는 마카다. (매일 1/2 티스푼을 음식에 넣으라. 셰이크나 블렌더로 만든 주스에 넣으면 맛이 좋다.) 내가 없으면 못 사는 또 다른 상품은 액체 비타민 Sea Aloe다. 이것은 단지 폐경기를 위해서만이 아니다. 나는 이것을 젊은 아가씨들, 어머니들, 누구든 정서 통제가 안 되는 사람을 위해 추천한다. 나는 남편들로부터 자기 아내가 도움을 받았다고 하며 감사하는 메시지를 받았다.(내가 주문하는 곳은 여기, Nature's Liquids다. 주소는 http://www.myseaaloe.com/default.aspx?ovtid=287&spnid=92330016&gclid=CNC-strirMECFVFgMgodFGkAbQ 반드시 빨간 병으로 사라.)

나의 경험으로 가장 효과가 좋았던 것은 올바로 먹는 것이다. 설탕, 심지어 과일이라도 너무 많이 먹으면, 일과성 열감(hot flash)을 주의해야 한다. 나는 잠자기 직전에 탄수화물이나 과일을 먹지 않는다. 밤에 일과성 열감을 심하게 하기 때문이다. BBC Good Food에 폐경기와 음식에 대한 좋은 글이 있다(내가 추천하지 않는 부분은 콩에 대한 부분뿐이다). http://www.bbcgoodfood.com/howto/guide/eat-beat-menopause 위의 글에 내가 더 추가하고 싶은 말은 섬유소를 더 많이 섭취하라는 것이다. 그러면 변비를 예방하는 한편 콜레스테롤과 혈당을 낮추고, 폐경기에 수반되는 다른 많은 건강 문제들을 해결한다. 정제된 탄수화물인 파스타나 흰쌀 대신 다른 섬유소가 들어간 식품을 섭취하면, 당신의 신체 시스템이 더 원활하게 돌아갈 것이다.

자료

추천 상품

- Sea Aloe http://www.myseaaloe.com/default.aspx
- Pure Encapsulation http://www.pureencapsulations.com/
- Standard Process
- Garden of Life http://www.gardenoflife.com/
- Organic India Turmeric http://organicindiausa.com/organic-india-turmeric-formula/
- Fit Aid Fitness Drink www.drinkfitaid.com
- Fluoride Water Filter www.store.seychelle.com
- PH Strips (To test acidic/alkalized levels in body) https://www.microessentiallab.com/ProductInfo/F03-WIDRG-000130-JUD.aspx
- Organic Buffalo Meat www.wildideabuffalo.com/
- Young Living Oils www.youngliving.com/beni4health
- Vital Proteins http://www.vitalproteins.com/

추천하는 식품 다큐멘터리

- Food Inc.
- Hungry for Change
- Fat, Sick, and Nearly Dead
- Forks over Knives
- Food Matters
- Super Size Me

추천하는 읽을거리

- The Seven Pillars of Health by Dr. Colbert, http://sevenpillarsofhealth.com/
- The Makers Diet by Jordin Rubin, http://www.makers-diet.net/
- Thyroid Healthy by Susan Cohen, http://suzycohen.com/
- The Gabriel Method by Jon Gabriel, http://www.thegabrielmethod.com/
- Earthing: The Most Important Health Discovery Ever? by Clinton Ober, Steven Sinatra, and Martin Zucker

- Water: For Health, for Healing, for Life: You're Not Sick, You're Thirsty! by F. Batmanghelidj
- Switch Your Brain On by Dr Caroline Leaf, http://drleaf.com/
- Declarations by Steve Backlund, http://ignitinghope.com/
- Let's Just Laugh at That by Steve Backlund, http://ignitinghope.com/
- The Passion Translation, www.thepassiontranslation.com
- Natural to Supernatural Health by David Herzog
- Intuitive Eating by Evelyn Tribole and Elyse Resch, https://www.intuitiveeating.com
- The Hormone Reset Diet by Sara Gottfried
- The New ME Diet by Jade Teta and Keoni Teta

추천하는 블로그

- Grandmas With Muscles www.grandmaswithmuscles.com
- The Juice Lady www.juiceladycherie.com/Juice
- Against All Grains www.againstallgrain.com
- Brittany Angell http://brittanyangell.com/every-last-crumb/

- The Whole Food Diary www.thewholefooddiary.com
- Unprocess Your Foods www.bydash.com
- Food Babe http://foodbabe.com/
- Metabolic Effect http://www.metaboliceffect.com/

당신의 지역에서 자연요법 의사나 호모토피 의사를 찾으려면, American Association of Naturopathic Physicians의 다음 웹사이트를 방문하라.

http://www.naturopathic.org/AF_MemberDirectory.asp?version=2.

건강 그리고 자유

발행일　2017년 1월 4일 1판 1쇄

지은이　베니 존슨
옮긴이　김주성
펴낸이　김혜자

다윗의장막
서울시 강남구 역삼로 98길 28
전화 02-3452-0442　팩스 02-6910-0432
www.ydfc.com
www.tofdavid.com

값　13,000원
ISBN 978-89-92358-98-9 (03230)

잘못된 책은 바꿔 드립니다.

다윗의장막 미디어는 영적 부흥과 영혼의 추수를 위해 도서, 음반, 음원, 영상물의 매체를 통해 하나님 나라가 가정, 사업, 정부, 교육, 미디어, 예술, 교회로 확장되는 비전으로 나아가고 있습니다.